대한민국 법령 시리즈 66

수상레저안전법

법령
시행령
시행규칙

해광출판사

머리말

이 책은 방대한 법전을 보지 않고 간편하게 해당되는 법령만 참고해서 볼 수 있도록 하였습니다. 공공기관이나 관련 종사자들이 쉽고 간편하게 해당 법령을 참조 할 수 있도록 하였습니다.

특히 해당법률은 물론 관련 시행령, 시행규칙을 함께 실어 관련법을 서로 참고할 수 있게 하였습니다.

법률이라는 것이 크든 작든 항상 변하는 관계로, 출간 이후의 정확하고 최신의 법률은 법제처 국가법령정보센터에서 확인이 가능하니 법률의 실제 적용 시 확인이 필요한 점 유의하기를 바랍니다.

편집부

* 수록 법률은 법제처 국가법령정보센터에서 확인 가능합니다.
* 발행일 기준 시행 법률이므로 최신 법령은 위 센터에서 볼 수 있습니다.
* 본 책자에 수록된 법률의 문구에 대하여 법적인 효력은 없으며,
  실제 적용 법률은 위 센터에서 최신의 법률로 확인하시기 바랍니다.
* 해당 법령과 함께 시행령, 시행규칙도 수록되어 있습니다.
* 발행일 기준으로 개정 예정 법률은 밑줄로 별도 표시되어 있으며,
  보다 정확한 것은 법제처에서 확인하기 바랍니다.

목차

수상레저안전법 / 7

수상레저안전법 시행령 / 55

수상레저안전법 시행규칙 / 87

수상레저안전법

[시행 2024. 1. 26.] [법률 제19573호, 2023. 7. 25., 타법개정]

제1장 총칙
제1조(목적)
제2조(정의)
제3조(적용 배제)
제4조(수상레저안전관리 기본계획의 수립 등)
제2장 조종면허
제5조(조종면허)
제6조(외국인에 대한 조종면허의 특례)
제7조(조종면허의 결격사유 등)
제8조(면허시험)
제9조(면허시험의 면제)
제10조(면허시험 면제교육기관의 지정취소 등)
제11조(부정행위자에 대한 제재)
제12조(조종면허증의 갱신 등)
제13조(수상안전교육)
제14조(안전교육 위탁기관의 지정취소 등)
제15조(면허증 발급)
제16조(면허증 휴대 등 의무)
제17조(조종면허의 취소 · 정지)
제18조(면허시험 업무의 대행)
제19조(종사자 교육)
제3장 안전준수의무
제20조(안전장비의 착용)
제21조(운항규칙 등의 준수)
제22조(기상에 따른 수상레저활동의 제한)
제23조(원거리 수상레저활동의 신고)
제24조(사고의 신고 등)
제25조(무면허조종의 금지)
제26조(야간 수상레저활동의 금지)

제27조(주취 중 조종 금지)
제28조(약물복용 등의 상태에서 조종 금지)
제29조(정원 초과 금지)
제4장 안전관리
제30조(수상레저활동 금지구역의 지정 등)
제31조(시정명령)
제32조(일시정지 · 확인 등)
제33조(관계 행정기관의 협조)
제34조(한국수상레저안전협회의 설립 등)
제35조(수상레저활동안전협의회의 운영)
제36조(전산시스템의 구축 · 운영)
제5장 수상레저사업
제37조(수상레저사업의 등록 등)
제38조(사업등록의 유효기간 등)
제39조(수상레저사업 등록의 결격사유)
제40조(권리 · 의무의 승계)
제41조(휴업 등의 신고)
제42조(이용요금)
제43조(안전점검)
제44조(사업자의 안전점검 등 조치)
제45조(등록 대상이 아닌 수상레저기구 운영 사업자 등의 준수 사항)
제46조(영업의 제한 등)
제47조(자료 제출 등)
제48조(수상레저사업의 등록취소 등)
제6장 보험
제49조(보험등의 가입)
제50조(보험등의 가입 정보 제공)
제51조(보험등의 가입정보 요청)
제52조(보험등 가입관리전산망의 구축 · 운영 등)
제53조(보험등 미가입자에 대한 조치 등)
제54조(보험등 미가입자에 대한 등록 등 처분의 금지)
제55조(권한의 위탁)
제7장 보칙
제56조(과징금)
제57조(수수료)

제58조(청문)
제59조(권한의 위임)
제60조(벌칙 적용에서 공무원 의제)
제8장 벌칙
제61조(벌칙)
제62조(벌칙)
제63조(양벌규정)
제64조(과태료)

**개정 예정 법률 밑줄 별도 표시.

수상레저안전법

[시행 2024. 1. 26.] [법률 제19573호, 2023. 7. 25., 타법개정]

제1장 총칙

제1조(목적) 이 법은 수상레저활동의 안전과 질서를 확보하고 수상레저사업의 건전한 발전을 도모함을 목적으로 한다.

제2조(정의) 이 법에서 사용하는 용어의 뜻은 다음과 같다.

1. "수상레저활동"이란 수상(水上)에서 수상레저기구를 사용하여 취미 · 오락 · 체육 · 교육 등을 목적으로 이루어지는 활동을 말한다.

2. "래프팅"이란 무동력수상레저기구를 사용하여 계곡이나 하천에서 노를 저으며 급류 또는 물의 흐름 등을 타는 수상레저활동을 말한다.

3. "수상레저기구"란 수상레저활동에 사용되는 선박이나 기구로서 동력수상레저기구와 무동력수상레저기구로 구분된다.

4. "동력수상레저기구"란 추진기관이 부착되어 있거나 추진기관을 부착하거나 분리하는 것이 수시로 가능한 수상레저기구로서 수상오토바이, 모터보트, 고무보트, 세일링요트(돛과 기관이 설치된 것을 말한다) 등 대통령령으로 정하는 것을 말한다.

5. "무동력수상레저기구"란 동력수상레저기구 외의 수상레저기구로서 대통령령으로 정하는 것을 말한다.

6. “수상”이란 해수면과 내수면을 말한다.

7. “해수면”이란 바다의 수류나 수면을 말한다.

8. “내수면”이란 하천, 댐, 호수, 늪, 저수지, 그 밖에 인공으로 조성된 담수나 기수(汽水)의 수류 또는 수면을 말한다.

제3조(적용 배제) ① 이 법은 다음 각 호의 경우에는 적용하지 아니한다.

1. 「유선 및 도선사업법」에 따른 유·도선사업 및 그 사업과 관련된 수상에서의 행위를 하는 경우

2. 「체육시설의 설치·이용에 관한 법률」에 따른 체육시설업 및 그 사업과 관련된 수상에서의 행위를 하는 경우

3. 「낚시 관리 및 육성법」에 따른 낚시어선업 및 그 사업과 관련된 수상에서의 행위를 하는 경우

② 제1항에도 불구하고 다른 법률에서 제5조의 조종면허를 자격요건으로 규정한 경우에는 제16조 및 제17조를 적용한다.

제4조(수상레저안전관리 기본계획의 수립 등) ① 해양경찰청장은 수상레저활동의 안전과 질서 확보를 위하여 대통령령으로 정하는 바에 따라 5년마다 수상레저안전관리 기본계획(이하 “기본계획”이라 한다)을 수립·시행하여야 한다.

② 기본계획에는 다음 각 호의 사항이 포함되어야 한다.

1. 국내외 수상레저 관련 정책 환경의 변화와 전망에 관한 사항

2. 수상레저 관련 중장기 정책의 목표와 추진전략 등에 관한 사항

3. 수상레저안전관리 체계의 발전에 관한 사항

4. 수상레저안전관리를 위한 민·관 협업에 관한 사항

5. 그 밖에 수상레저안전에 관한 사항으로서 해양경찰청장이 필요하다고 인정하는 사항

③ 해양경찰청장은 제1항에 따라 수립된 기본계획을 관계 중앙행정기관의 장, 특별시장·광역시장·특별자치시장·도지사·특별자치도지사(이하 "시·도지사"라 한다)에게 통보하여야 한다.

④ 시·도지사 또는 해양경찰서장은 기본계획을 바탕으로 해양수산부령으로 정하는 바에 따라 매년 수상레저안전관리 시행계획(이하 "시행계획"이라 한다)을 수립·시행하여야 한다.

⑤ 해양경찰청장은 시행계획의 수립·시행에 관하여 필요한 지도·감독을 할 수 있다.

제2장 조종면허

제5조(조종면허) ① 동력수상레저기구를 조종하는 사람은 제8조에 따른 면허시험에 합격한 후 해양경찰청장의 동력수상레저기구 조종면허(이하 "조종면허"라 한다)를 받아야 한다.

② 조종면허는 다음 각 호와 같이 구분한다.

1. 일반조종면허 : 제1급 조종면허, 제2급 조종면허

2. 요트조종면허

③ 일반조종면허의 경우 제2급 조종면허를 받은 사람이 제1급 조종면허를 받은 때에는 제2급 조종면허의 효력은 상실된다.

④ 조종면허의 기준·절차 및 방법 등에 필요한 사항은 대통령령으로 정한다.

제6조(외국인에 대한 조종면허의 특례) ① 수상레저활동을 하려는

외국인이 국내에서 개최되는 국제경기대회에 참가하여 수상레저기구를 조종하는 경우에는 제5조제1항 및 제25조를 적용하지 아니한다.

② 제1항에 따라 외국인이 수상레저기구를 조종하는 경우 수상레저기구의 종류·조종기간 및 지역, 국제경기대회의 종류와 규모 등에 필요한 사항은 해양수산부령으로 정한다.

제7조(조종면허의 결격사유 등) ① 다음 각 호의 어느 하나에 해당하는 사람은 조종면허를 받을 수 없다.

1. 14세 미만(제1급 조종면허의 경우에는 18세 미만)인 사람. 다만, 제9조제1항제1호에 해당하는 자는 제외한다.

2. 정신질환자(「정신건강증진 및 정신질환자 복지서비스 지원에 관한 법률」 제3조제1호의 정신질환자를 말한다. 이하 같다) 중 수상레저활동을 할 수 없다고 인정되어 대통령령으로 정하는 사람

3. 마약·향정신성의약품 또는 대마(「마약류 관리에 관한 법률」 제2조제2호부터 제4호까지의 규정의 마약·향정신성의약품·대마를 말한다. 이하 같다) 중독자 중 수상레저활동을 할 수 없다고 인정되어 대통령령으로 정하는 사람

4. 제17조제1항에 따라 조종면허가 취소된 날부터 1년이 지나지 아니한 사람

5. 제25조 각 호 외의 부분 본문을 위반하여 조종면허를 받지 아니하고 동력수상레저기구를 조종한 사람으로서 그 위반한 날부터 1년(사람을 사상한 후 구호 등 필요한 조치를 하지 아니하고 달아난 사람은 이를 위반한 날부터 4년)이 지나지 아니한 사람

② 개인정보를 가지고 있는 기관 중 대통령령으로 정하는 기관의

장은 조종면허의 결격사유와 관련이 있는 개인정보를 해양경찰청장에게 통보하여야 한다.

③ 제2항에 따라 해양경찰청장에게 통보하여야 하는 개인정보의 내용 및 통보방법과 그 밖에 개인정보의 통보에 필요한 사항은 대통령령으로 정한다.

제8조(면허시험) ① 조종면허를 받으려는 사람은 해양경찰청장이 실시하는 시험(이하 “면허시험”이라 한다)에 합격하여야 한다.

② 면허시험은 필기시험 · 실기시험으로 구분하여 실시한다.

③ 면허시험의 실기시험 시행일을 기준으로 제7조제1항의 결격사유에 해당하는 사람은 면허시험에 응시할 수 없다.

④ 면허시험의 과목과 방법 등에 필요한 사항은 대통령령으로 정한다.

제9조(면허시험의 면제) ① 해양경찰청장은 다음 각 호의 어느 하나에 해당하는 사람에 대하여 면허시험 과목의 전부 또는 일부를 면제할 수 있다. 다만, 제5호에 해당하는 때에는 면허시험(제2급 조종면허와 요트조종면허에 한정한다) 과목의 전부를 면제한다.

1. 대통령령으로 정하는 체육 관련 단체에 동력수상레저기구의 선수로 등록된 사람

2. 다음 각 목의 요건을 모두 갖춘 사람

가. 「고등교육법」 제2조에 따른 학교에서 대통령령으로 정하는 동력수상레저기구 관련 학과를 졸업하였을 것(법령에 따라 이와 같은 수준의 학력이 있다고 인정되는 경우를 포함한다)

나. 해당 면허와 관련된 동력수상레저기구에 관한 과목을 이수

하였을 것

3. 「선박직원법」 제4조제2항 각 호에 따른 해기사 면허 중 대통령령으로 정하는 면허를 가진 사람

4. 「한국해양소년단연맹 육성에 관한 법률」에 따른 한국해양소년단연맹 또는 「국민체육진흥법」 제2조제11호에 따른 경기단체에서 동력수상레저기구의 사용 등에 관한 교육·훈련업무에 1년 이상 종사한 사람으로서 해당 단체의 장의 추천을 받은 사람

5. 해양경찰청장이 지정·고시하는 기관이나 단체(이하 "면허시험 면제교육기관"이라 한다)에서 실시하는 교육을 이수한 사람

6. 제1급 조종면허 필기시험에 합격한 후 제2급 조종면허 실기시험으로 변경하여 응시하려는 사람

② 제1항에 따른 시험 면제의 기준 등에 필요한 사항은 대통령령으로 정한다.

③ 면허시험 면제교육기관은 제2급 조종면허와 요트조종면허 교육을 위하여 필요한 교육내용을 운영하여야 하고, 인적·장비·시설 등 기준을 갖추어야 한다.

④ 면허시험 면제교육기관의 교육내용 운영과 인적·장비·시설 등 지정기준 및 지정절차 등에 필요한 사항은 대통령령으로 정한다.

⑤ 면허시험 면제교육기관 종사자의 준수사항 및 면허시험 면제자에 대한 동력수상레저기구 조종면허증 발급 등에 필요한 사항은 해양수산부령으로 정한다.

제10조(면허시험 면제교육기관의 지정취소 등) ① 해양경찰청장은 면허시험 면제교육기관이 다음 각 호의 어느 하나에 해당하는 경우

그 지정을 취소하거나 6개월의 범위에서 기간을 정하여 업무를 정지할 수 있다. 다만, 제1호에 해당하면 그 지정을 취소하여야 한다.

1. 거짓이나 그 밖의 부정한 방법으로 지정을 받은 경우

2. 면허시험 면제교육기관이 해양경찰청장에게 교육 이수 결과를 거짓으로 제출하여 제9조제1항제5호에 따른 교육을 이수하지 아니한 사람에게 면허시험 과목의 전부를 면제하게 한 경우

3. 제9조제3항에 따른 교육내용을 지키지 아니한 경우

4. 제9조제4항에 따른 지정기준에 미치지 못하게 된 경우

② 면허시험 면제교육기관의 지정취소 및 업무정지에 관한 세부기준 및 절차 등에 필요한 사항은 대통령령으로 정한다.

제11조(부정행위자에 대한 제재) ① 해양경찰청장은 면허시험에서 부정행위를 한 사람에 대하여 그 시험을 중지하게 하거나 무효로 할 수 있다.

② 제1항에 따른 해당 시험의 중지 또는 무효의 처분을 받은 사람은 그 처분이 있는 날부터 2년간 면허시험에 응시할 수 없다.

제12조(조종면허증의 갱신 등) ① 조종면허를 받은 사람은 다음 각 호에 따른 동력수상레저기구 조종면허증(이하 “면허증”이라 한다) 갱신 기간 이내에 해양경찰청장으로부터 면허증을 갱신하여야 한다. 다만, 면허증을 갱신하려는 사람이 군복무 등 대통령령으로 정하는 사유로 인하여 그 기간 이내에 면허증을 갱신할 수 없는 경우에는 대통령령으로 정하는 바에 따라 갱신을 미리 하거나 연기할 수 있다.

1. 최초의 면허증 갱신 기간은 면허증 발급일부터 기산하여 7년이 되는 날부터 6개월 이내

2. 제1호 외의 면허증 갱신 기간은 직전의 면허증 갱신 기간이 시작되는 날부터 기산하여 7년이 되는 날부터 6개월 이내

② 제1항에 따라 면허증을 갱신하지 아니한 경우에는 갱신기간이 만료한 다음 날부터 조종면허의 효력은 정지된다. 다만, 조종면허의 효력이 정지된 후 면허증을 갱신한 경우에는 갱신한 날부터 조종면허의 효력이 다시 발생한다.

제13조(수상안전교육) ① 조종면허를 받으려는 사람은 제8조에 따라 면허시험 응시원서를 접수한 후부터, 면허증을 갱신하려는 사람은 제12조에 따른 면허증 갱신 기간 이내에 각각 해양경찰청장이 실시하는 다음 각 호의 수상안전교육(이하 "안전교육"이라 한다)을 받아야 한다. 다만, 최초 면허시험 합격 전의 안전교육의 유효기간은 6개월로 하며, 대통령령으로 정하는 사람에 대해서는 안전교육을 면제할 수 있다.

1. 수상안전에 관한 법령
2. 수상레저기구의 사용과 관리에 관한 사항
3. 그 밖에 수상안전을 위하여 필요한 사항

② 해양경찰청장은 안전교육에 관한 사무의 전부 또는 일부를 해양경찰청장이 지정하는 기관이나 단체(이하 "안전교육 위탁기관"이라 한다)에 위탁하여 실시할 수 있다.

③ 안전교육 위탁기관의 인적 · 장비 · 시설 등의 지정기준 및 지정절차에 필요한 사항은 대통령령으로 정한다.

제14조(안전교육 위탁기관의 지정취소 등) ① 해양경찰청장은 안전교육 위탁기관이 다음 각 호의 어느 하나에 해당하는 경우 그 지정

을 취소하거나 6개월의 범위에서 기간을 정하여 업무를 정지할 수 있다. 다만, 제1호에 해당하면 그 지정을 취소하여야 한다.

1. 거짓이나 그 밖의 부정한 방법으로 지정을 받은 경우

2. 거짓이나 그 밖의 부정한 방법으로 안전교육 수료에 관한 증서를 발급한 경우

3. 제13조제3항에 따른 지정 기준에 미치지 못하게 된 경우

② 안전교육 위탁기관의 지정취소 및 업무정지에 관한 세부기준 및 절차 등에 필요한 사항은 대통령령으로 정한다.

제15조(면허증 발급) ① 해양경찰청장은 다음 각 호의 어느 하나에 해당하는 경우에는 면허증을 발급하여야 한다.

1. 제8조제1항에 따른 면허시험에 합격하여 면허증을 발급하는 경우

2. 제12조에 따라 면허증을 갱신하는 경우

② 조종면허의 효력은 제1항에 따라 면허증을 본인이나 그 대리인에게 발급한 때부터 발생한다.

③ 면허증을 잃어버렸거나 면허증이 헐어 못쓰게 된 경우 해양경찰청장에게 신고하고 다시 발급받을 수 있다.

④ 제1항 및 제3항에 따른 면허증의 발급 및 재발급 절차 등에 필요한 사항은 해양수산부령으로 정한다.

제16조(면허증 휴대 등 의무) ① 동력수상레저기구를 조종하는 사람은 면허증을 지니고 있어야 한다.

② 제1항의 조종자는 조종 중에 관계 공무원이 면허증의 제시를 요구하면 면허증을 내보여야 한다.

③ 누구든지 면허증을 빌리거나 빌려주거나 이를 알선하는 행위를 하여서는 아니 된다.

제17조(조종면허의 취소 · 정지) ① 해양경찰청장은 조종면허를 받은 사람이 다음 각 호의 어느 하나에 해당하는 경우에는 해양수산부령으로 정하는 바에 따라 조종면허를 취소하거나 1년의 범위에서 기간을 정하여 그 조종면허의 효력을 정지할 수 있다. 다만, 제1호, 제2호 또는 제4호부터 제6호까지에 해당하면 조종면허를 취소하여야 한다.

1. 거짓이나 그 밖의 부정한 방법으로 조종면허를 받은 경우
2. 조종면허 효력정지 기간에 조종을 한 경우
3. 조종면허를 받은 사람이 동력수상레저기구를 사용하여 살인 또는 강도 등 해양수산부령으로 정하는 범죄행위를 한 경우
4. 제7조제1항제2호 또는 제3호에 따라 조종면허를 받을 수 없는 사람에 해당된 경우
5. 제7조제1항에 따라 조종면허를 받을 수 없는 사람이 조종면허를 받은 경우
6. 제27조제1항 또는 제2항을 위반하여 술에 취한 상태에서 조종을 하거나 술에 취한 상태라고 인정할 만한 상당한 이유가 있음에도 불구하고 관계공무원의 측정에 따르지 아니한 경우
7. 조종 중 고의 또는 과실로 사람을 사상하거나 다른 사람의 재산에 중대한 손해를 입힌 경우
8. 면허증을 다른 사람에게 빌려주어 조종하게 한 경우
9. 제28조를 위반하여 약물의 영향으로 인하여 정상적으로 조종

하지 못할 염려가 있는 상태에서 동력수상레저기구를 조종한 경우

10. 그 밖에 이 법 또는 이 법에 따른 수상레저활동의 안전과 질서 유지를 위한 명령을 위반한 경우

② 제1항에 따라 조종면허가 취소되거나 그 효력이 정지된 사람은 조종면허가 취소되거나 그 효력이 정지된 날부터 7일 이내에 해양경찰청장에게 면허증을 반납하여야 한다.

제17조(조종면허의 취소ㆍ정지) ① 해양경찰청장은 조종면허를 받은 사람이 다음 각 호의 어느 하나에 해당하는 경우에는 해양수산부령으로 정하는 바에 따라 조종면허를 취소하거나 1년의 범위에서 기간을 정하여 그 조종면허의 효력을 정지할 수 있다. 다만, 제1호, 제2호 또는 제4호부터 제6호까지에 해당하면 조종면허를 취소하여야 한다. 〈개정 2024. 12. 20.〉

1. 거짓이나 그 밖의 부정한 방법으로 조종면허를 받은 경우

2. 조종면허 효력정지 기간에 조종을 한 경우

3. 조종면허를 받은 사람이 동력수상레저기구를 사용하여 살인 또는 강도 등 해양수산부령으로 정하는 범죄행위를 한 경우

4. 제7조제1항제2호 또는 제3호에 따라 조종면허를 받을 수 없는 사람에 해당된 경우

5. 제7조제1항에 따라 조종면허를 받을 수 없는 사람이 조종면허를 받은 경우

6. 제27조제1항 또는 제2항을 위반하여 술에 취한 상태에서 조종을 하거나 술에 취한 상태라고 인정할 만한 상당한 이유가 있음에도 불구하고 관계공무원의 측정에 따르지 아니한 경우(동력수상레저

기구를 조종한 경우로 한정한다)

7. 조종 중 고의 또는 과실로 사람을 사상하거나 다른 사람의 재산에 중대한 손해를 입힌 경우

8. 면허증을 다른 사람에게 빌려주어 조종하게 한 경우

9. 제28조를 위반하여 약물의 영향으로 인하여 정상적으로 조종하지 못할 염려가 있는 상태에서 동력수상레저기구를 조종한 경우

10. 그 밖에 이 법 또는 이 법에 따른 수상레저활동의 안전과 질서 유지를 위한 명령을 위반한 경우

② 제1항에 따라 조종면허가 취소되거나 그 효력이 정지된 사람은 조종면허가 취소되거나 그 효력이 정지된 날부터 7일 이내에 해양경찰청장에게 면허증을 반납하여야 한다.

[시행일: 2025. 6. 21.] 제17조

제18조(면허시험 업무의 대행) ① 해양경찰청장은 면허시험 실시에 관한 업무의 전부 또는 일부를 해양경찰청장이 지정하는 기관이나 단체(이하 "시험대행기관"이라 한다)로 하여금 대행하게 할 수 있다.

② 해양경찰청장은 시험대행기관이 다음 각 호의 어느 하나에 해당하는 경우에는 그 지정을 취소하거나 6개월의 범위에서 그 업무를 정지할 수 있다. 다만, 제1호 또는 제2호에 해당하면 그 지정을 취소하여야 한다.

1. 거짓이나 그 밖의 부정한 방법으로 지정을 받은 경우

2. 시험대행기관의 장, 책임운영자 또는 종사자가 면허시험에 관하여 부정행위를 한 경우(지시 또는 묵인한 경우를 포함한다)

3. 제5항에 따른 지정기준에 미치지 못하게 된 경우

4. 이 법 또는 이 법에 따른 면허시험 대행업무를 적정하게 수행하지 못할 사유가 발생한 경우

③ 시험대행기관은 제1항에 따른 면허시험 대행업무에 대하여 해양경찰청장에게 보고하여야 한다.

④ 해양경찰청장은 제3항에 따라 보고받은 면허시험 대행업무에 대하여 처리 내용을 확인하고, 이 법 또는 이 법에 따른 명령을 위반한 사실을 발견하면 필요한 조치를 할 수 있다.

⑤ 제1항에 따른 면허시험 실시에 관한 업무의 대행과 시험대행기관의 지정기준, 제2항에 따른 지정의 취소·정지 절차, 제3항에 따른 보고 및 제4항에 따른 시험대행기관에 대한 감독 등에 필요한 사항은 대통령령으로 정한다.

제19조(종사자 교육) ① 면허시험 면제교육기관, 안전교육 위탁기관, 시험대행기관에서 시험·교육 업무에 종사하는 사람은 해양경찰청장이 실시하는 교육을 받아야 한다.

② 제1항에 따른 교육의 시기·대상·방법 등에 필요한 사항은 해양수산부령으로 정한다.

제3장 안전준수의무

제20조(안전장비의 착용) 수상레저활동을 하는 사람은 구명조끼 등 인명안전에 필요한 장비를 해양수산부령으로 정하는 바에 따라 착용하여야 한다.

제21조(운항규칙 등의 준수) 수상레저활동을 하는 사람은 대통령령으로 정하는 바에 따라 운항방법, 기구의 속도 및 「수상레저기구의

등록 및 검사에 관한 법률」 제16조제2항에 따른 운항구역 등에 관한 사항을 준수하여야 한다.

제22조(기상에 따른 수상레저활동의 제한) 누구든지 수상레저활동을 하려는 구역이 다음 각 호의 어느 하나에 해당하는 경우에는 수상레저활동을 하여서는 아니 된다. 다만, 파도 또는 바람만을 이용하는 수상레저기구의 특성을 고려하여 대통령령으로 정하는 경우에는 그러하지 아니하다.

1. 태풍·풍랑·폭풍해일·호우·대설·강풍과 관련된 주의보 이상의 기상특보가 발효된 경우

2. 안개 등으로 가시거리가 0.5킬로미터 이내로 제한되는 경우

제23조(원거리 수상레저활동의 신고) ① 출발항으로부터 10해리 이상 떨어진 곳에서 수상레저활동을 하려는 사람은 해양수산부령으로 정하는 바에 따라 해양경찰관서나 경찰관서에 신고하여야 한다. 다만, 「선박의 입항 및 출항 등에 관한 법률」 제4조에 따른 출입 신고를 하거나 「선박안전 조업규칙」 제15조에 따른 출항·입항 신고를 한 선박인 경우에는 그러하지 아니하다.

② 제1항에도 불구하고 「수상레저기구의 등록 및 검사에 관한 법률」 제3조에 따른 동력수상레저기구(이하 "등록 대상 동력수상레저기구"라 한다)가 아닌 수상레저기구로 수상레저활동을 하려는 사람은 출발항으로부터 10해리 이상 떨어진 곳에서 수상레저활동을 하여서는 아니 된다. 다만, 안전관리 선박의 동행, 선단의 구성 등 해양수산부령으로 정하는 경우에는 그러하지 아니하다.

제24조(사고의 신고 등) ① 수상레저활동을 하는 사람은 다음 각 호

의 어느 하나에 해당할 때에는 해양수산부령으로 정하는 바에 따라 지체 없이 해양경찰관서, 경찰관서 또는 소방관서 등 관계 행정기관에 신고하여야 한다.

1. 수상레저기구에 동승한 사람이 사고로 사망·실종 또는 중상을 입은 경우

2. 충돌, 좌초 또는 그 밖에 수상레저기구의 안전운항에 영향을 미치거나 미칠 우려가 있는 사고가 발생하였을 경우

② 제1항에 따른 신고를 받은 관계 행정기관의 장은 인명구조, 사고 수습 등을 위하여 필요한 조치를 하여야 한다.

③ 제1항에 따른 신고를 받은 경찰서장 또는 소방서장은 제2항에 따른 필요한 조치 후에 사고 장소가 해수면인 경우에는 관할 해양경찰서장에게, 내수면인 경우에는 관할 특별자치시장·특별자치도지사·시장·군수 및 구청장(구청장은 자치구의 구청장을, 서울특별시의 관할구역에 있는 한강의 경우에는 서울특별시의 한강 관리에 관한 업무를 관장하는 기관의 장을 말한다. 이하 "시장·군수·구청장"이라 한다)에게 그 결과를 통보하여야 한다.

제25조(무면허조종의 금지) 누구든지 조종면허를 받아야 조종할 수 있는 동력수상레저기구를 조종면허를 받지 아니하고(조종면허의 효력이 정지된 경우를 포함한다) 조종하여서는 아니 된다. 다만, 다음 각 호의 어느 하나에 해당하는 경우에는 그러하지 아니하다.

1. 제1급 조종면허를 가진 사람의 감독하에 수상레저활동을 하는 경우로서 해양수산부령으로 정하는 경우

2. 조종면허를 가진 사람과 동승하여 조종하는 경우로서 해양수산

부령으로 정하는 경우

제26조(야간 수상레저활동의 금지) ① 누구든지 해진 후 30분부터 해뜨기 전 30분까지는 수상레저활동을 하여서는 아니 된다. 다만, 해양수산부령으로 정하는 바에 따라 야간 운항장비를 갖춘 수상레저기구를 사용하는 경우에는 그러하지 아니하다.

② 해양경찰서장이나 시장·군수·구청장은 필요하다고 인정하면 일정한 구역에 대하여 해양수산부령으로 정하는 바에 따라 제1항 본문에 따른 시간을 조정할 수 있다.

③ 해양경찰서장이나 시장·군수·구청장은 제2항에 따라 시간을 조정한 경우에는 수상레저활동을 하는 사람이 보기 쉬운 장소에 그 사실을 공고하여야 한다.

제27조(주취 중 조종 금지) ① 누구든지 술에 취한 상태(「해상교통안전법」 제39조제4항에 따른 술에 취한 상태를 말한다. 이하 같다)에서 동력수상레저기구를 조종하여서는 아니 된다. 〈개정 2023. 7. 25.〉

② 다음 각 호에 해당하는 사람(이하 "관계공무원"이라 한다)은 동력수상레저기구를 조종한 사람이 제1항을 위반하였다고 인정할 만한 상당한 이유가 있는 경우에는 술에 취하였는지를 측정할 수 있다. 이 경우 동력수상레저기구를 조종한 사람은 그 측정에 따라야 한다.

1. 경찰공무원
2. 시·군·구 소속 공무원 중 수상레저안전업무에 종사하는 사람

③ 제2항에 따라 관계공무원(근무복을 착용한 경찰공무원은 제외한다)이 술에 취하였는지 여부를 측정하는 때에는 그 권한을 표시하

는 증표를 지니고 이를 해당 동력수상레저기구를 조종한 사람에게 제시하여야 한다.

④ 제2항에 따라 술에 취하였는지 여부를 측정한 결과에 불복하는 사람에 대해서는 본인의 동의를 받아 혈액채취 등의 방법으로 다시 측정할 수 있다.

제27조(주취 중 조종 금지) ① 누구든지 술에 취한 상태(「해상교통안전법」 제39조제4항에 따른 술에 취한 상태를 말한다. 이하 같다)에서 수상레저기구를 조종하여서는 아니 된다. 〈개정 2023. 7. 25., 2024. 12. 20.〉

② 다음 각 호에 해당하는 사람(이하 "관계공무원"이라 한다)은 수상레저기구를 조종한 사람이 제1항을 위반하였다고 인정할 만한 상당한 이유가 있는 경우에는 술에 취하였는지를 측정할 수 있다. 이 경우 수상레저기구를 조종한 사람은 그 측정에 따라야 한다. 〈개정 2024. 12. 20.〉

1. 경찰공무원
2. 시ㆍ군ㆍ구 소속 공무원 중 수상레저안전업무에 종사하는 사람

③ 제2항에 따라 관계공무원(근무복을 착용한 경찰공무원은 제외한다)이 술에 취하였는지 여부를 측정하는 때에는 그 권한을 표시하는 증표를 지니고 이를 해당 수상레저기구를 조종한 사람에게 제시하여야 한다. 〈개정 2024. 12. 20.〉

④ 제2항에 따라 술에 취하였는지 여부를 측정한 결과에 불복하는 사람에 대해서는 본인의 동의를 받아 혈액채취 등의 방법으로 다시 측정할 수 있다.

[시행일: 2025. 6. 21.] 제27조

제28조(약물복용 등의 상태에서 조종 금지) 누구든지 「마약류 관리에 관한 법률」 제2조에 따른 마약·향정신성의약품·대마의 영향, 「화학물질관리법」 제22조에 따른 환각물질의 영향, 그 밖의 사유로 인하여 정상적으로 조종하지 못할 우려가 있는 상태에서 동력수상레저기구를 조종하여서는 아니 된다.

제28조(약물복용 등의 상태에서 조종 금지) 누구든지 「마약류 관리에 관한 법률」 제2조에 따른 마약·향정신성의약품·대마의 영향, 「화학물질관리법」 제22조에 따른 환각물질의 영향, 그 밖의 사유로 인하여 정상적으로 조종하지 못할 우려가 있는 상태에서 수상레저기구를 조종하여서는 아니 된다. 〈개정 2024. 12. 20.〉

[시행일: 2025. 6. 21.] 제28조

제29조(정원 초과 금지) 누구든지 대통령령으로 정하는 바에 따라 그 수상레저기구의 정원을 초과하여 사람을 태우고 운항하여서는 아니 된다.

제4장 안전관리

제30조(수상레저활동 금지구역의 지정 등) ① 해양경찰서장 또는 시장·군수·구청장은 수상레저활동의 안전을 위하여 필요하다고 인정하면 수상레저활동 금지구역(수상레저기구별 수상레저활동 금지구역을 포함한다)을 지정할 수 있다.

② 누구든지 제1항에 따라 지정된 금지구역에서 수상레저활동을 하여서는 아니 된다.

第31条(시정명령) 해양경찰서장 또는 시장·군수·구청장은 수상레저활동의 안전을 위하여 필요하다고 인정하면 수상레저활동을 하는 사람 또는 수상레저활동을 하려는 사람에게 다음 각 호의 사항을 명할 수 있다. 다만, 수상레저활동을 하려는 사람에 대한 시정명령은 사고의 발생이 명백히 예견되는 경우로 한정한다.

1. 수상레저기구의 탑승(수상레저기구에 의하여 밀리거나 끌리는 경우를 포함한다. 이하 같다) 인원의 제한 또는 조종자의 교체
2. 수상레저활동의 일시정지
3. 수상레저기구의 개선 및 교체

第32条(일시정지·확인 등) ① 관계공무원은 수상레저기구를 타고 있는 사람이 이 법 또는 이 법에 따른 명령을 위반하였다고 인정하는 경우에는 수상레저기구를 멈추게 하고 이를 확인하거나 그 수상레저활동을 하는 사람에게 면허증이나 신분증의 제시를 요구할 수 있다.

② 관계공무원은 제1항에 따라 수상레저기구를 멈추게 하고 면허증 등의 제시를 요구하는 경우에는 그 권한을 표시하는 증표를 지니고 이를 관계인에게 내보여야 한다.

第33条(관계 행정기관의 협조) ① 해양경찰청장, 지방해양경찰청장, 해양경찰서장, 시·도지사 또는 시장·군수·구청장은 수상레저활동의 안전을 위하여 필요하다고 인정하면 관계 행정기관의 장에게 협조를 요청할 수 있다. 이 경우 협조 요청을 받은 관계 행정기관의 장은 특별한 사유가 없으면 그 요청에 따라야 한다.

② 시·도지사 또는 시장·군수·구청장은 관할 내수면에서의 수

상레저활동의 효율적인 안전관리를 위하여 필요하다고 인정하면 해양경찰청장, 지방해양경찰청장 또는 해양경찰서장에게 관계 경찰공무원을 파견하거나 일정 구역의 수상레저활동에 관한 안전관리 업무를 담당하여 줄 것을 요청할 수 있다. 이 경우 요청을 받은 해양경찰청장, 지방해양경찰청장 또는 해양경찰서장은 특별한 사유가 없으면 그 요청에 따라야 한다.

제34조(한국수상레저안전협회의 설립 등) ① 수상레저활동 안전관리에 대한 연구·개발, 홍보 및 교육훈련 등 해양경찰청장 등의 행정기관이 위탁하는 업무의 수행과 수상레저산업의 건전한 발전 및 수상레저 관련 종사자의 안전관리 업무능력 향상을 위하여 한국수상레저안전협회(이하 "협회"라 한다)를 설립할 수 있다.

② 협회는 법인으로 한다.

③ 협회는 다음 각 호에 해당하는 사업을 수행한다.

1. 수상레저안전 및 수상레저산업의 진흥을 위한 연구사업
2. 조종면허시험관리시스템 및 수상레저기구등록시스템 개발을 위한 연구사업
3. 조종면허시험, 수상레저기구 등록·안전검사·안전점검의 대행
4. 수상레저사업자 및 수상레저활동자 등에 대한 인명구조교육, 수상안전교육 및 관련 장비·교재의 개발
5. 이 법 또는 그 밖의 법령에 따라 국가 또는 지방자치단체가 위탁하는 업무
6. 그 밖에 해양경찰청장이 필요하다고 인정하는 사업

④ 해양경찰청장이 필요하다고 인정하는 경우에는 협회가 제3항

의 사업을 원활하게 수행할 수 있도록 예산의 범위에서 협회에 재정지원을 할 수 있다.

⑤ 협회의 정관·업무·회원자격 및 감독 등에 필요한 사항은 대통령령으로 정한다.

⑥ 협회에 관하여 이 법에 규정된 것을 제외하고는 「민법」의 사단법인에 관한 규정을 준용한다.

제35조(수상레저활동안전협의회의 운영) ① 시·도지사는 수상레저활동의 효율적인 안전관리를 위한 협조체제를 마련하기 위하여 해당 지역을 관할하는 관계 행정기관 및 단체 등의 대표자로 구성된 수상레저활동안전협의회를 구성·운영할 수 있다.

② 제1항에 따른 수상레저활동안전협의회의 구성과 운영에 필요한 사항은 대통령령으로 정하는 바에 따라 해당 지방자치단체의 조례로 정한다.

③ 해양경찰청장은 제1항에도 불구하고 수상레저활동의 안전관리를 위해 시·도지사에게 수상레저활동안전협의회의 구성·운영을 요청할 수 있다. 이 경우 요청을 받은 시·도지사는 특별한 사유가 없으면 그 요청에 따라야 한다.

제36조(전산시스템의 구축·운영) ① 해양경찰청장은 수상레저활동의 체계적인 안전관리를 위하여 수상레저종합정보시스템을 구축·운영할 수 있다.

② 해양경찰청장은 해양수산부령으로 정하는 바에 따라 수상레저종합정보시스템을 이용하여 이 법 또는 「수상레저기구의 등록 및 검사에 관한 법률」에 규정된 업무를 처리할 수 있다.

제5장 수상레저사업

제37조(수상레저사업의 등록 등) ① 수상레저기구를 빌려 주는 사업 또는 수상레저활동을 하는 사람을 수상레저기구에 태우는 사업(이하 "수상레저사업"이라 한다)을 경영하려는 자는 하천이나 그 밖의 공유수면의 점용 또는 사용의 허가 등에 관한 사항을 다음 각 호의 구분에 따른 자에게 등록을 하여야 한다. 이 경우 수상레저기구를 빌려 주는 사업을 경영하려는 수상레저사업자에게는 해양수산부령으로 정하는 바에 따라 등록기준을 완화할 수 있다.

1. 영업구역이 해수면인 경우: 해당 지역을 관할하는 해양경찰서장
2. 영업구역이 내수면인 경우: 해당 지역을 관할하는 시장·군수·구청장
3. 영업구역이 둘 이상의 해양경찰서장 또는 시장·군수·구청장의 관할 지역에 걸쳐 있는 경우: 수상레저사업에 사용되는 수상레저기구를 주로 매어두는 장소를 관할하는 해양경찰서장 또는 시장·군수·구청장

② 제1항에 따라 등록을 한 수상레저사업자는 등록 사항에 변경이 있으면 해양수산부령으로 정하는 바에 따라 변경등록을 하여야 한다.

③ 제1항 또는 제2항에 따라 등록 또는 변경등록 신청을 받은 해양경찰서장 또는 시장·군수·구청장은 그 등록 전에 해당 영업구역을 관할하는 다른 해양경찰서장 또는 시장·군수·구청장과 협의하여야 한다.

④ 제1항에 따른 등록기준·절차 및 영업구역 조정 등 수상레저

사업의 등록 등에 필요한 사항은 해양수산부령으로 정한다.

제38조(사업등록의 유효기간 등) ① 제37조제1항에 따른 수상레저사업의 등록 유효기간은 10년으로 하되, 10년 미만으로 영업하려는 경우에는 해당 영업기간을 등록 유효기간으로 한다.

② 제1항에 따른 등록 유효기간이 지난 후 계속하여 수상레저사업을 하려는 자는 해양수산부령으로 정하는 바에 따라 등록을 갱신하여야 한다.

제39조(수상레저사업 등록의 결격사유) 다음 각 호의 어느 하나에 해당하는 자는 수상레저사업 등록을 할 수 없다.

1. 미성년자, 피성년후견인, 피한정후견인
2. 이 법을 위반하여 징역 이상의 실형(實刑)을 선고받고 그 집행이 끝나거나 집행이 면제된 날부터 2년이 지나지 아니한 사람
3. 이 법을 위반하여 징역 이상의 형의 집행유예를 선고받고 그 유예기간 중에 있는 사람
4. 제48조에 따라 등록이 취소(이 조 제1호에 해당하여 등록이 취소된 경우는 제외한다)된 날부터 2년이 지나지 아니한 자

제40조(권리ㆍ의무의 승계) 다음 각 호의 어느 하나에 해당하는 자는 수상레저사업 등록에 따른 수상레저사업자의 권리ㆍ의무를 승계한다.

1. 수상레저사업자가 사망한 경우 그 상속인
2. 수상레저사업자가 그 사업을 양도한 경우 그 양수인
3. 법인인 수상레저사업자가 합병한 경우 합병 후 존속하는 법인이나 합병에 따라 설립되는 법인

제41조(휴업 등의 신고) ① 수상레저사업자가 등록된 사업기간 중에 휴업하거나 폐업하려는 경우에는 해양수산부령으로 정하는 바에 따라 해양경찰서장 또는 시장·군수·구청장에게 신고하여야 한다.

② 수상레저사업자가 휴업한 수상레저사업을 다시 개업하려는 경우에는 해양수산부령으로 정하는 바에 따라 해양경찰서장 또는 시장·군수·구청장에게 신고하여야 한다. 이 경우 해양경찰서장 또는 시장·군수·구청장은 그 내용을 검토하여 이 법에 적합하면 신고를 수리하여야 한다.

③ 제1항 또는 제2항에 따른 휴업이나 폐업 또는 재개업의 신고를 받은 해양경찰서장 또는 시장·군수·구청장은 수상레저사업장 소재지의 관할 세무서에 휴업이나 폐업 또는 재개업 사실을 통보하여야 한다.

제42조(이용요금) 수상레저사업자는 탑승료·대여료 등 이용요금을 정한 경우에는 해양수산부령으로 정하는 바에 따라 해양경찰서장 또는 시장·군수·구청장에게 신고한 후 사업장 안의 잘 보이는 장소에 게시하여야 한다. 신고한 사항을 변경하려는 경우에도 또한 같다.

제43조(안전점검) ① 해양경찰서장 또는 시장·군수·구청장은 수상레저활동의 안전을 위하여 관계공무원으로 하여금 수상레저기구와 선착장 등 수상레저시설에 대하여 안전점검을 실시하도록 하여야 하고, 그 결과를 공개할 수 있다.

② 해양경찰서장 또는 시장·군수·구청장은 제1항에 따른 안전점검 결과 해양수산부령으로 정하는 바에 따라 정비 또는 원상복구를

명할 수 있다. 이 경우 정비 또는 원상복구에 필요한 기간을 정하여 해당 수상레저기구의 사용정지를 함께 명할 수 있다.

③ 제1항에 따라 점검을 하는 공무원은 그 권한을 표시하는 증표를 지니고 이를 관계인에게 내보여야 한다.

④ 제1항에 따른 안전점검의 대상 · 항목 · 시기 · 절차 및 점검결과의 공개 등에 필요한 사항은 대통령령으로 정한다.

제44조(사업자의 안전점검 등 조치) ① 수상레저사업자와 그 종사자는 수상레저활동의 안전을 위하여 다음 각 호의 조치를 하여야 한다.

1. 수상레저기구와 시설의 안전점검

2. 영업구역의 기상 · 수상 상태의 확인

3. 영업구역에서 사고가 발생하는 경우 구호조치 및 해양경찰관서 · 경찰관서 · 소방관서 등 관계 행정기관에 통보

4. 이용자에 대한 안전장비 착용조치 및 탑승 전 안전교육

5. 사업장 내 인명구조요원이나 래프팅가이드의 배치 또는 탑승

6. 비상구조선(수상레저사업장과 그 영업구역의 순시 및 인명구조를 위하여 사용되는 동력수상레저기구를 말한다. 이하 이 조에서 같다)의 배치

② 수상레저사업자와 그 종사자는 영업구역에서 다음 각 호의 행위를 하여서는 아니 된다.

1. 14세 미만인 사람(보호자를 동반하지 아니한 사람으로 한정한다), 술에 취한 사람 또는 정신질환자를 수상레저기구에 태우거나 이들에게 수상레저기구를 빌려 주는 행위

2. 수상레저기구의 정원을 초과하여 태우는 행위

3. 수상레저기구 안에서 술을 판매·제공하거나 수상레저기구 이용자가 수상레저기구 안으로 이를 반입하도록 하는 행위

4. 영업구역을 벗어나 영업을 하는 행위

5. 제26조에 따른 수상레저활동시간 외에 영업을 하는 행위

6. 대통령령으로 정하는 폭발물·인화물질 등의 위험물을 이용자가 타고 있는 수상레저기구로 반입·운송하는 행위

7. 「수상레저기구의 등록 및 검사에 관한 법률」 제15조에 따른 안전검사를 받지 아니한 동력수상레저기구를 영업에 사용하는 행위

8. 비상구조선을 그 목적과 다르게 사용하는 행위

③ 제1항제5호에 따른 인명구조요원이나 래프팅가이드의 자격 및 배치기준, 제1항제6호에 따른 비상구조선의 배치에 필요한 사항 등은 대통령령으로 정한다.

제45조(등록 대상이 아닌 수상레저기구 운영 사업자 등의 준수사항) 등록 대상 동력수상레저기구가 아닌 수상레저기구를 운영하는 수상레저사업자와 그 종사자는 수상레저기구의 운영, 안전기준 등에 관하여 해양수산부령으로 정하는 사항을 준수하여야 한다.

제46조(영업의 제한 등) ① 해양경찰서장 또는 시장·군수·구청장은 다음 각 호의 어느 하나에 해당하는 경우에는 수상레저사업자에게 영업구역이나 시간의 제한 또는 영업의 일시정지를 명할 수 있다. 다만, 제3호부터 제5호까지에 해당하는 경우에는 이용자의 신체가 직접 수면에 닿는 수상레저기구 등 대통령령으로 정하는 수상레저기구를 이용한 영업행위에 대해서만 이를 명할 수 있다.

1. 기상·수상 상태가 악화된 경우

2. 수상사고가 발생한 경우

3. 유류·화학물질 등의 유출 또는 녹조·적조 등의 발생으로 수질이 오염된 경우

4. 부유물질 등 장애물이 발생한 경우

5. 사람의 신체나 생명에 피해를 줄 수 있는 유해생물이 발생한 경우

6. 그 밖에 대통령령으로 정하는 사유가 발생한 경우

② 해양경찰서장 또는 시장·군수·구청장은 제1항 각 호의 사유가 소멸되거나 완화되었다고 판단되는 경우 영업구역이나 시간의 제한 또는 영업의 일시정지를 해제하여야 한다.

제47조(자료 제출 등) 해양경찰서장 또는 시장·군수·구청장은 수상레저활동의 안전을 위하여 필요하다고 인정하면 대통령령으로 정하는 바에 따라 수상레저사업자에게 관련 서류나 자료를 제출하게 할 수 있다.

제48조(수상레저사업의 등록취소 등) 해양경찰서장 또는 시장·군수·구청장은 수상레저사업자가 다음 각 호의 어느 하나에 해당하는 경우에는 해양수산부령으로 정하는 바에 따라 수상레저사업의 등록을 취소하거나 3개월의 범위에서 영업의 전부 또는 일부의 정지를 명할 수 있다. 다만, 제1호부터 제3호까지에 해당하면 수상레저사업의 등록을 취소하여야 한다.

1. 거짓이나 그 밖의 부정한 방법으로 등록을 한 경우

2. 제39조 각 호의 어느 하나에 해당하게 된 경우

3. 공유수면의 점용 또는 사용 허가기간 만료 이후에도 사업을

계속하는 경우

4. 수상레저사업자 또는 그 종사자의 고의 또는 과실로 사람을 사상한 경우

5. 수상레저사업자가 「수상레저기구의 등록 및 검사에 관한 법률」 제6조, 제9조, 제10조, 제13조, 제15조, 제17조의 규정을 위반한 수상레저기구를 수상레저사업에 이용한 경우

6. 제37조제2항에 따라 변경등록을 하지 아니한 경우

7. 제42조부터 제46조까지, 제49조제2항, 제50조의 규정 또는 명령을 위반한 경우

제6장 보험

제49조(보험등의 가입) ① 등록 대상 동력수상레저기구의 소유자는 동력수상레저기구의 사용으로 다른 사람이 사망하거나 부상한 경우에 피해자(피해자가 사망한 경우에는 손해배상을 받을 권리를 가진 자를 말한다)에 대한 보상을 위하여 소유한 날로부터 1개월 이내에 대통령령으로 정하는 바에 따라 보험이나 공제(이하 "보험등"이라 한다)에 가입하여야 한다.

② 수상레저사업자는 대통령령으로 정하는 바에 따라 그 종사자와 이용자의 피해를 보전하기 위하여 보험등에 가입하여야 한다.

제50조(보험등의 가입 정보 제공) 수상레저사업자는 제49조에 따른 보험등의 가입에 관한 정보를 대통령령으로 정하는 바에 따라 종사자 및 이용자에게 알려야 한다.

제51조(보험등의 가입정보 요청) ① 해양경찰청장, 지방해양경찰청

장, 해양경찰서장 또는 시장·군수·구청장은 제49조에 따른 보험등의 가입과 관련한 조사·관리를 위하여 보험회사 및 공제사업자(이하 "보험회사등"이라 한다) 또는 「보험업법」 제11장제1절의 보험협회 등(이하 "보험협회등"이라 한다)에 보험등의 가입과 관련한 조사·관리에 필요한 자료 또는 정보의 제공을 요청할 수 있다.

② 보험회사등은 제1항에 따라 자료 또는 정보의 제공을 요청받은 경우 보험협회등을 통해 해당 자료 또는 정보를 제공할 수 있다.

③ 제1항에 따른 자료 및 정보의 제공을 요청받은 자는 정당한 사유가 없으면 요청에 따라야 한다.

제52조(보험등 가입관리전산망의 구축·운영 등) ① 해양경찰청장은 보험등 가입관리 업무의 효율적인 수행을 위하여 제36조제1항에 따른 수상레저종합정보시스템과 보험회사등 또는 보험협회등이 관리·운영하는 전산시스템이나 이와 유사한 전산시스템을 연계하여 보험등 가입관리전산망(이하 "가입관리전산망"이라 한다)을 구축하여 운영할 수 있다.

② 해양경찰청장은 보험회사등 또는 보험협회등에 가입관리전산망의 구축·운영을 위하여 대통령령으로 정하는 정보의 제공을 요청할 수 있다. 이 경우 관련 정보의 제공을 요청받은 자는 특별한 사유가 없으면 요청에 따라야 한다.

③ 가입관리전산망의 운영에 필요한 사항은 대통령령으로 정한다.

[시행일: 2025. 6. 11.] 제52조의 개정규정 중 보험회사등 및 보험협회등에 관한 부분

제53조(보험등 미가입자에 대한 조치 등) ① 보험회사등은 보험등에

가입하여야 할 자가 다음 각 호의 어느 하나에 해당하면 그 사실을 해양수산부령으로 정하는 기간 내에 해양경찰청장, 지방해양경찰청장, 해양경찰서장 또는 시장·군수·구청장에게 알려야 한다.

1. 자기와 보험등 계약을 체결한 경우

2. 자기와 보험등 계약을 체결한 후 계약 기간이 끝나기 전에 그 계약을 해지한 경우

3. 자기와 보험등 계약을 체결한 자가 그 계약 기간이 끝난 후 다시 계약을 체결하지 아니한 경우

② 제1항에 따른 통지를 받은 해양경찰청장, 지방해양경찰청장, 해양경찰서장 또는 시장·군수·구청장은 보험등에 가입되지 아니한 보험등 가입의무자에게 지체 없이 10일 이상 15일 이하의 기간을 정하여 보험등에 가입하고 그 사실을 증명할 수 있는 서류를 제출할 것을 명하여야 한다.

[시행일: 2025. 6. 11.] 제53조의 개정규정 중 보험회사등 및 보험협회등에 관한 부분

제54조(보험등 미가입자에 대한 등록 등 처분의 금지) ① 해양경찰청장, 지방해양경찰청장, 해양경찰서장 또는 시장·군수·구청장은 다음 각 호의 어느 하나에 해당하는 경우에 제49조에 따른 보험등 가입의무자가 보험등에 가입하였는지를 확인하여 보험등에 가입된 경우에만 등록 신청 또는 신고를 받아야 한다.

1. 등록 대상 동력수상레저기구의 소유자가 보험등 가입이 의무화된 수상레저기구를 「수상레저기구의 등록 및 검사에 관한 법률」 제6조제1항 및 제9조에 따라 등록 신청을 하는 경우

2. 수상레저사업자가 제37조 또는 제41조제2항에 따라 수상레저사업 등록 신청 또는 재개업의 신고를 하는 경우

② 제1항에 따른 보험등 가입의 확인 방법 및 절차 등에 관하여 필요한 사항은 해양수산부령으로 정한다.

[시행일: 2025. 6. 11.] 제54조의 개정규정 중 보험회사등 및 보험협회등에 관한 부분

제55조(권한의 위탁) 해양경찰청장은 가입관리전산망 구축ㆍ운영에 관한 업무를 보험회사등 또는 보험협회등에 위탁할 수 있다.

[시행일: 2025. 6. 11.] 제55조의 개정규정 중 보험회사등 및 보험협회등에 관한 부분

제7장 보칙

제56조(과징금) ① 해양경찰청장은 면허시험 면제교육기관, 안전교육 위탁기관 또는 시험대행기관이 다음 각 호의 구분에 따른 사유에 해당하여 업무정지처분을 하여야 하는 경우로서 그 업무정지가 그 기관을 이용하는 자에게 심한 불편을 주거나 그 밖에 공익을 해칠 우려가 있다고 인정되면 업무정지처분에 갈음하여 1천만원 이하의 과징금을 부과할 수 있다.

1. 면허시험 면제교육기관: 제10조제1항제2호부터 제4호까지
2. 안전교육 위탁기관: 제14조제1항제2호 및 제3호
3. 시험대행기관: 제18조제2항제3호 및 제4호

② 제1항에도 불구하고 해양경찰청장은 면허시험 면제교육기관, 안전교육 위탁기관 또는 시험대행기관이 제1항에 따른 과징금 부과

처분을 받고, 그 처분을 받은 날로부터 2년 이내에 다시 과징금 부과처분의 대상이 되는 위반행위를 한 경우에는 업무정지처분을 명하여야 한다.

③ 제1항에 따라 과징금을 부과하는 위반행위의 종류, 위반의 정도 등에 따른 과징금의 금액과 그 밖에 필요한 사항은 대통령령으로 정한다.

④ 해양경찰청장은 면허시험 면제교육기관, 안전교육 위탁기관, 시험대행기관이 제1항에 따른 과징금을 납부기한까지 내지 아니하면 국세 강제징수의 예에 따라 징수한다.

제57조(수수료) ① 다음 각 호의 어느 하나에 해당하는 자는 해양수산부령으로 정하는 바에 따라 해양경찰청장 또는 시장·군수·구청장에게 수수료를 내야 한다.

1. 제8조제1항에 따라 면허시험에 응시하려는 사람
2. 제13조제1항에 따라 안전교육을 받으려는 사람
3. 제15조에 따라 면허증의 발급, 재발급, 갱신을 신청하려는 사람
4. 제37조와 제41조에 따라 수상레저사업의 등록·변경등록 및 휴업·폐업 또는 재개업의 신고 등을 신청하려는 자

② 다음 각 호의 어느 하나에 해당하는 경우에는 안전교육 위탁기관 및 시험대행기관이 정하는 수수료를 해당 대행기관 등에 내야 한다.

1. 제13조제2항에 따라 안전교육을 위탁하여 실시하는 경우
2. 제18조제1항에 따라 시험대행기관이 면허시험 업무를 대행하는 경우

③ 제2항에 따라 안전교육 위탁기관 및 시험대행기관이 수수료를 정하거나 변경하려면 해양경찰청장의 승인을 받아야 한다.

④ 안전교육 위탁기관 및 시험대행기관이 제2항에 따라 수수료를 징수한 경우 그 수입은 안전교육 위탁기관, 시험대행기관의 수입으로 한다.

⑤ 제1항제1호 및 제2호에 따라 면허시험을 응시하거나, 안전교육을 받기 위하여 납부한 수수료의 반환기준 등에 필요한 사항은 해양수산부령으로 정한다.

제58조(청문) ① 해양경찰청장은 다음 각 호의 어느 하나에 해당하는 처분을 하려면 청문을 하여야 한다.

1. 제10조제1항에 따른 면허시험 면제교육기관의 지정취소, 업무정지 또는 제56조제1항제1호에 따른 과징금 부과

2. 제14조제1항에 따른 안전교육 위탁기관의 지정취소, 업무정지 또는 제56조제1항제2호에 따른 과징금 부과

3. 제18조제2항에 따른 시험대행기관의 지정취소, 업무정지 또는 제56조제1항제3호에 따른 과징금 부과

② 해양경찰서장 또는 시장·군수·구청장은 제48조에 따라 수상레저사업의 등록을 취소하려면 청문을 하여야 한다.

제59조(권한의 위임) 이 법에 따른 해양경찰청장의 권한은 대통령령으로 정하는 바에 따라 그 일부를 그 소속 기관의 장에게 위임할 수 있다.

제60조(벌칙 적용에서 공무원 의제) 면허시험 면제교육기관, 안전교육 위탁기관, 시험대행기관 및 제55조에 따라 위탁받은 업무에 종

사하는 보험회사등 또는 보험협회등의 임직원은 「형법」 제127조 및 제129조부터 제132조까지의 규정에 따른 벌칙을 적용할 때에는 공무원으로 본다.

[시행일: 2025. 6. 11.] 제60조의 개정규정 중 보험회사등 및 보험협회등에 관한 부분

제8장 벌칙

제61조(벌칙) 다음 각 호의 어느 하나에 해당하는 자는 1년 이하의 징역 또는 1천만원 이하의 벌금에 처한다.

1. 제16조제3항을 위반하여 면허증을 빌리거나 빌려주거나 이를 알선한 자
2. 제25조 각 호 외의 부분 본문을 위반하여 조종면허를 받지 아니하고 동력수상레저기구를 조종한 사람
3. 제27조제1항을 위반하여 술에 취한 상태에서 동력수상레저기구를 조종한 사람
4. 술에 취한 상태라고 인정할 만한 상당한 이유가 있는데도 제27조제2항에 따른 관계공무원의 측정에 따르지 아니한 사람
5. 제28조를 위반하여 약물복용 등으로 인하여 정상적으로 조종하지 못할 우려가 있는 상태에서 동력수상레저기구를 조종한 사람
6. 제37조제1항 및 제2항을 위반하여 등록 또는 변경등록을 하지 아니하고 수상레저사업을 한 자
7. 제48조에 따른 수상레저사업 등록취소 후 또는 영업정지기간에 수상레저사업을 한 자

제61조(벌칙) 다음 각 호의 어느 하나에 해당하는 자는 1년 이하의 징역 또는 1천만원 이하의 벌금에 처한다. 〈개정 2024. 12. 20.〉

1. 제16조제3항을 위반하여 면허증을 빌리거나 빌려주거나 이를 알선한 자

2. 제25조 각 호 외의 부분 본문을 위반하여 조종면허를 받지 아니하고 동력수상레저기구를 조종한 사람

3. 제27조제1항을 위반하여 술에 취한 상태에서 동력수상레저기구를 조종한 사람

4. 술에 취한 상태라고 인정할 만한 상당한 이유가 있는데도 제27조제2항에 따른 관계공무원의 측정에 따르지 아니한 사람(동력수상레저기구를 조종한 사람으로 한정한다)

5. 제28조를 위반하여 약물복용 등으로 인하여 정상적으로 조종하지 못할 우려가 있는 상태에서 동력수상레저기구를 조종한 사람

6. 제37조제1항 및 제2항을 위반하여 등록 또는 변경등록을 하지 아니하고 수상레저사업을 한 자

7. 제48조에 따른 수상레저사업 등록취소 후 또는 영업정지기간에 수상레저사업을 한 자

[시행일: 2025. 6. 21.] 제61조

제62조(벌칙) 다음 각 호의 어느 하나에 해당하는 자는 6개월 이하의 징역 또는 500만원 이하의 벌금에 처한다.

1. 제43조제2항에 따른 정비·원상복구의 명령을 위반한 수상레저사업자

2. 제44조를 위반하여 안전을 위하여 필요한 조치를 하지 아니하

거나 금지된 행위를 한 수상레저사업자와 그 종사자

3. 제46조에 따른 영업구역이나 시간의 제한 또는 영업의 일시정지 명령을 위반한 수상레저사업자

제63조(양벌규정) 법인의 대표자나 법인 또는 개인의 대리인, 사용인, 그 밖의 종업원이 그 법인 또는 개인의 업무에 관하여 제61조 및 제62조의 어느 하나에 해당하는 위반행위를 하면 그 행위자를 벌하는 외에 그 법인 또는 개인에게도 해당 조문의 벌금형을 과한다. 다만, 법인 또는 개인이 그 위반행위를 방지하기 위하여 해당 업무에 관하여 상당한 주의와 감독을 게을리하지 아니한 경우에는 그러하지 아니하다.

제64조(과태료) ① 다음 각 호의 어느 하나에 해당하는 자에게는 100만원 이하의 과태료를 부과한다.

1. 제19조제1항을 위반하여 교육을 받지 아니한 사람

2. 제26조제1항 및 제2항에 따른 수상레저활동 시간 외에 수상레저활동을 한 사람

3. 제29조를 위반하여 정원을 초과하여 조종한 사람

4. 제30조제2항을 위반하여 수상레저활동 금지구역에서 수상레저활동을 한 사람

5. 제41조제1항 및 제2항을 위반하여 휴업, 폐업 또는 재개업의 신고를 하지 아니한 수상레저사업자

6. 제42조에 따라 신고한 이용요금 외의 금품을 받거나 신고사항을 게시하지 아니한 수상레저사업자

7. 제45조에 따른 등록 대상이 아닌 수상레저기구 운영 사업자

등의 준수사항을 위반한 수상레저사업자와 그 종사자

8. 제47조에 따른 서류나 자료를 제출하지 아니하거나 거짓의 서류 또는 자료를 제출한 수상레저사업자

9. 제49조제2항을 위반하여 보험등에 가입하지 아니한 수상레저사업자

10. 정당한 사유 없이 제50조를 위반하여 보험등의 가입 여부에 관한 정보를 알리지 아니하거나 거짓의 정보를 알린 수상레저사업자

11. 제53조제1항을 위반하여 통지를 하지 아니한 보험회사등

② 다음 각 호의 어느 하나에 해당하는 자에게는 50만원 이하의 과태료를 부과한다.

1. 제17조제2항을 위반하여 면허증을 반납하지 아니한 사람

2. 제20조를 위반하여 인명안전장비를 착용하지 아니한 사람

3. 제21조를 위반하여 운항규칙 등을 준수하지 아니한 사람

4. 제22조를 위반하여 기상에 따른 수상레저활동이 제한되는 구역에서 수상레저활동을 한 사람

5. 제23조제1항을 위반하여 원거리 수상레저활동 신고를 하지 아니한 사람

6. 제23조제2항을 위반하여 등록 대상이 아닌 수상레저기구로 출발항으로부터 10해리 이상 떨어진 곳에서 수상레저활동을 한 사람

7. 제24조제1항을 위반하여 사고의 신고를 하지 아니한 사람

8. 제31조에 따른 시정명령을 이행하지 아니한 사람

9. 제32조에 따른 일시정지나 면허증·신분증의 제시명령을 거부한 사람

10. 제49조제1항을 위반하여 보험등에 가입하지 아니한 자

③ 제1항 및 제2항에 따른 과태료는 대통령령으로 정하는 바에 따라 해수면의 경우에는 해양경찰청장, 지방해양경찰청장 또는 해양경찰서장이, 내수면의 경우에는 시장·군수·구청장이 부과·징수한다.

④ 제1항 및 제2항에 따른 과태료의 부과·징수, 재판 및 집행 등의 절차에 관한 사항은 「질서위반행위규제법」을 따른다.

제64조(과태료) ① 다음 각 호의 어느 하나에 해당하는 자에게는 100만원 이하의 과태료를 부과한다. 〈개정 2024. 12. 20.〉

1. 제19조제1항을 위반하여 교육을 받지 아니한 사람

2. 제26조제1항 및 제2항에 따른 수상레저활동 시간 외에 수상레저활동을 한 사람

2의2. 제27조제1항을 위반하여 술에 취한 상태에서 무동력수상레저기구를 조종한 사람

2의3. 술에 취한 상태라고 인정할 만한 상당한 이유가 있는데도 제27조제2항에 따른 관계공무원의 측정에 따르지 아니한 사람(무동력수상레저기구를 조종한 사람으로 한정한다)

2의4. 제28조를 위반하여 약물복용 등으로 인하여 정상적으로 조종하지 못할 우려가 있는 상태에서 무동력수상레저기구를 조종한 사람

3. 제29조를 위반하여 정원을 초과하여 조종한 사람

4. 제30조제2항을 위반하여 수상레저활동 금지구역에서 수상레저활동을 한 사람

5. 제41조제1항 및 제2항을 위반하여 휴업, 폐업 또는 재개업의 신고를 하지 아니한 수상레저사업자

6. 제42조에 따라 신고한 이용요금 외의 금품을 받거나 신고사항을 게시하지 아니한 수상레저사업자

7. 제45조에 따른 등록 대상이 아닌 수상레저기구 운영 사업자등의 준수사항을 위반한 수상레저사업자와 그 종사자

8. 제47조에 따른 서류나 자료를 제출하지 아니하거나 거짓의 서류 또는 자료를 제출한 수상레저사업자

9. 제49조제2항을 위반하여 보험등에 가입하지 아니한 수상레저사업자

10. 정당한 사유 없이 제50조를 위반하여 보험등의 가입 여부에 관한 정보를 알리지 아니하거나 거짓의 정보를 알린 수상레저사업자

11. 제53조제1항을 위반하여 통지를 하지 아니한 보험회사등

② 다음 각 호의 어느 하나에 해당하는 자에게는 50만원 이하의 과태료를 부과한다.

1. 제17조제2항을 위반하여 면허증을 반납하지 아니한 사람

2. 제20조를 위반하여 인명안전장비를 착용하지 아니한 사람

3. 제21조를 위반하여 운항규칙 등을 준수하지 아니한 사람

4. 제22조를 위반하여 기상에 따른 수상레저활동이 제한되는 구역에서 수상레저활동을 한 사람

5. 제23조제1항을 위반하여 원거리 수상레저활동 신고를 하지 아니한 사람

6. 제23조제2항을 위반하여 등록 대상이 아닌 수상레저기구로 출

발항으로부터 10해리 이상 떨어진 곳에서 수상레저활동을 한 사람

7. 제24조제1항을 위반하여 사고의 신고를 하지 아니한 사람

8. 제31조에 따른 시정명령을 이행하지 아니한 사람

9. 제32조에 따른 일시정지나 면허증·신분증의 제시명령을 거부한 사람

10. 제49조제1항을 위반하여 보험등에 가입하지 아니한 자

③ 제1항 및 제2항에 따른 과태료는 대통령령으로 정하는 바에 따라 해수면의 경우에는 해양경찰청장, 지방해양경찰청장 또는 해양경찰서장이, 내수면의 경우에는 시장·군수·구청장이 부과·징수한다.

④ 제1항 및 제2항에 따른 과태료의 부과·징수, 재판 및 집행 등의 절차에 관한 사항은 「질서위반행위규제법」을 따른다.

[시행일: 2025. 6. 21.] 제64조

부칙 〈제18958호, 2022. 6. 10.〉

제1조(시행일) 이 법은 공포 후 1년이 경과한 날부터 시행한다. 다만, 제52조부터 제55조까지, 제60조의 개정규정 중 보험회사등 및 보험협회등에 관한 부분은 공포 후 3년이 경과한 날부터 시행한다.

제2조(조종면허의 결격사유에 대한 적용례) 이 법 시행 당시 종전의 「수상레저안전법」 제5조제1항제4호 및 제5호의 조종면허 결격사유가 있는 경우 이 법 제7조의 개정규정을 적용한다.

제3조(조종면허의 취소·정지에 대한 적용례) 이 법 시행 당시 종전의 「수상레저안전법」 제13조에 따른 조종면허의 취소·정지 사유가 있는 경우 이 법 제17조의 개정규정을 적용한다.

제4조(수상레저사업 등록의 결격사유에 대한 적용례) 이 법 시행 당시 종전의 「수상레저안전법」을 위반하여 벌칙을 받았거나 받고 있는 자, 등록이 취소된 자에 대한 수상레저사업 등록에 관한 결격사유는 이 법 제39조의 개정규정을 적용한다.

제5조(안전점검 결과 공개에 대한 적용례) 제43조제1항에 따른 안전점검 결과의 공개는 이 법 시행 이후 안전점검을 실시한 경우부터 적용한다.

제6조(일반적 경과조치) 이 법 시행 당시 종전의 규정에 따라 행한 처분·절차와 그 밖에 행위로서 이 법에 그에 해당하는 규정이 있을 때에는 이 법의 해당 규정에 따라 행하여진 것으로 본다.

제7조(조종면허 및 안전교육에 관한 경과조치) ① 이 법 시행 당시 종전의 규정에 따라 조종면허를 받은 사람은 해당 면허의 유효기간 만료일까지 이 법 제5조에 따른 조종면허를 받은 것으로 본다.

② 이 법 시행 당시 종전의 규정에 따라 18세 미만이면서 제1급 조종면허를 받은 사람은 제7조제1항제1호의 개정규정에도 불구하고 종전의 규정에 따라 제1급 조종면허를 유효하게 받은 것으로 본다.

③ 이 법 시행 당시 종전의 규정에 따라 안전교육을 받은 사람은 이 법 제13조의 개정규정에 따른 안전교육을 받은 것으로 본다.

제8조(면허시험 면제교육기관 지정에 관한 경과조치) 이 법 시행 당시 종전의 규정에 따라 지정을 받은 면허시험 면제교육기관은 제9조의 개정규정에 따라 지정을 받은 것으로 본다.

제9조(안전교육 위탁기관 지정에 관한 경과조치) 이 법 시행 당시 종전의 규정에 따라 지정을 받은 안전교육 위탁기관은 제13조의 개

정규정에 따라 지정을 받은 것으로 본다.

제10조(시험대행기관 지정에 관한 경과조치) 이 법 시행 당시 종전의 규정에 따라 지정을 받은 면허시험업무 대행기관은 제18조의 개정규정에 따라 지정을 받은 것으로 본다.

제11조(금지행위에 관한 경과조치) 이 법 시행 당시 종전의 「수상레저안전법」 제20조부터 제24조까지의 규정을 위반하여 무면허조종, 야간 수상레저활동, 주취 중 조종, 약물복용 등의 상태에서 조종, 정원 초과 탑승을 한 경우에는 제25조부터 제29조까지의 개정규정에 따른 위반행위를 한 것으로 본다.

제12조(한국수상레저안전협회에 관한 경과조치) 이 법 시행 당시 종전의 「수상레저안전법」 제28조의2에 따라 설립한 한국수상레저안전협회는 이 법 제34조에 따라 설립한 한국수상레저안전협회로 본다.

제13조(수상레저활동안전협의회에 관한 경과조치) 이 법 시행 당시 종전의 「수상레저안전법」 제29조에 따라 구성된 수상레저활동안전협의회는 이 법 제35조에 따라 구성된 수상레저활동안전협의회로 본다.

제14조(수상레저사업의 등록 등에 관한 경과조치) 이 법 시행 당시 종전의 규정에 따라 수상레저사업을 경영하려는 자가 등록 등을 한 것은 제37조의 개정규정에 따라 등록 등을 한 것으로 본다.

제15조(사업등록의 유효기간에 관한 경과조치) 이 법 시행 당시 종전의 「수상레저안전법」 제39조의3에 따라 사업등록을 한 자는 해당 사업등록의 유효기간 만료일까지 이 법 제38조에 따른 사업등록을 받은 것으로 본다.

제16조(권리 · 의무의 승계에 관한 경과조치) 이 법 시행 당시 종전의 「수상레저안전법」 제41조에 따른 권리 · 의무의 승계에 관한 사항은 이 법 제40조에 따른 권리 · 의무의 승계에 관한 사항으로 본다.

제17조(수상레저사업의 등록취소 등에 관한 경과조치) 이 법 시행 당시 종전의 「수상레저안전법」 제51조에 따른 수상레저사업의 등록취소 등에 관한 사항은 이 법 제48조에 따른 수상레저사업의 등록취소 등에 관한 사항으로 본다.

제18조(신청, 신고, 통보 등에 관한 경과조치) 이 법 시행 당시 종전의 「수상레저안전법」에 따른 신청, 신고, 통보 등은 이 법에 의한 신청, 신고, 통보 등으로 본다.

제19조(수수료에 관한 경과조치) 이 법 시행 전의 수수료를 내어야 하는 행위에 대하여 수수료 규정을 적용할 때에는 종전의 규정에 따른다.

제20조(행정처분 및 과징금에 관한 경과조치) 이 법 시행 전의 위반행위에 대하여 행정처분 및 과징금 규정을 적용할 때에는 종전의 규정에 따른다.

제21조(벌칙 및 과태료에 관한 경과조치) 이 법 시행 전의 위반행위에 대하여 벌칙 및 과태료 규정을 적용할 때에는 종전의 규정에 따른다.

제22조(다른 법률의 개정) ① 마리나항만의 조성 및 관리 등에 관한 법률 일부를 다음과 같이 개정한다.

제28조의5제2항제6호 중 "「수상레저안전법」 제39조"를 "「수상레저안전법」 제37조"로 한다.

② 산업표준화법 일부를 다음과 같이 개정한다.

제26조제17호를 삭제한다.

③ 수상에서의 수색·구조 등에 관한 법률 일부를 다음과 같이 개정한다.

제2조제2호 중 "「수상레저안전법」 제2조제6호"를 "「수상레저안전법」 제2조제7호"로 하고, 같은 조 제3호 중 "「수상레저안전법」 제2조제7호"를 "「수상레저안전법」 제2조제8호"로 한다.

④ 수중레저활동의 안전 및 활성화 등에 관한 법률 일부를 다음과 같이 개정한다.

제2조제1호 중 "「수상레저안전법」 제2조제6호"를 "「수상레저안전법」 제2조제7호"로, "같은 조 제7호"를 "같은 조 제8호"로 한다.

⑤ 청소년활동 진흥법 일부를 다음과 같이 개정한다.

제9조의7제2항제1호 중 "「수상레저안전법」 제45조"를 "「수상레저안전법」 제43조"로 한다.

⑥ 해수욕장의 이용 및 관리에 관한 법률 일부를 다음과 같이 개정한다.

제26조제1항 중 "「수상레저안전법」 제2조제3호에 따른 수상레저기구를 이용하는 자 및 같은 법 제39조제1항"을 "「수상레저안전법」 제2조제3호에 따른 수상레저기구를 이용하는 자 및 같은 법 제37조제1항"으로 한다.

제23조(다른 법령과의 관계) 이 법 시행 당시 다른 법령에서 종전의 「수상레저안전법」 또는 그 법의 규정을 인용하고 있는 경우 이 법 가운데 그에 해당하는 규정이 있으면 종전의 규정을 갈음하여 이

법 또는 이 법의 해당 규정을 인용한 것으로 본다.

부칙 〈제19573호, 2023. 7. 25.〉 (해상교통안전법)

제1조(시행일) 이 법은 공포 후 6개월이 경과한 날부터 시행한다. 〈단서 생략〉

제2조 부터 제9조까지 생략

제10조(다른 법률의 개정) ①부터 ⑩까지 생략

⑪ 수상레저안전법 일부를 다음과 같이 개정한다.

제27조제1항 중 "「해사안전법」 제41조제5항"을 "「해상교통안전법」 제39조제4항"으로 한다.

⑫부터 ⑱까지 생략

제11조 생략

수상레저안전법 시행령

[시행 2024. 1. 26.] [대통령령 제34152호, 2024. 1. 16., 타법개정]

제1장 총칙
제1조(목적)
제2조(수상레저기구의 종류)
제3조(수상레저안전관리 기본계획의 수립 · 시행)
제2장 조종면허
제4조(조종면허 대상 및 기준)
제5조(조종면허의 결격사유)
제6조(조종면허의 결격사유 관련 개인정보의 통보)
제7조(면허시험의 실시)
제8조(필기시험의 과목 및 방법 등)
제9조(실기시험의 방법 등)
제10조(면허시험의 면제 등)
제11조(면허시험 면제교육기관의 지정 등)
제12조(면허시험 면제교육기관의 지정취소 기준 등)
제13조(조종면허증의 갱신 연기 등)
제14조(수상안전교육의 면제대상)
제15조(안전교육 위탁기관의 지정 등)
제16조(안전교육 위탁기관의 지정취소 기준 등)
제17조(시험대행기관의 지정 등)
제18조(시험대행기관의 지정취소 기준 등)
제19조(시험대행기관에 대한 감독 등)
제3장 안전준수의무
제20조(운항방법 등의 준수)
제21조(수상레저활동 제한의 예외)
제22조(수상레저기구의 정원 산출기준)
제4장 안전관리
제23조(한국수상레저안전협회)
제24조(수상레저활동안전협의회의 구성 등)
제5장 수상레저사업

제25조(안전점검의 대상 및 절차 등)
제26조(인명구조요원 · 래프팅가이드의 자격기준 등)
제27조(위험물의 범위)
제28조(영업의 제한 대상이 되는 수상레저기구)
제29조(자료 제출)
제6장 보험
제30조(동력수상레저기구 소유자의 보험등의 가입)
제31조(수상레저사업자의 보험등의 가입)
제32조(보험등의 가입 여부에 대한 정보 제공)
제33조(보험등 가입관리전산망의 구축 · 운영)
제7장 보칙
제34조(과징금의 부과기준)
제35조(과징금의 부과 및 납부)
제36조(권한의 위임)
제37조(민감정보 및 고유식별정보의 처리)
제38조(규제의 재검토)
제8장 벌칙
제39조(과태료 부과기준)

**개정 예정 법률 밑줄 별도 표시.

수상레저안전법 시행령

[시행 2024. 1. 26.] [대통령령 제34152호, 2024. 1. 16., 타법개정]

제1장 총칙

제1조(목적) 이 영은 「수상레저안전법」에서 위임된 사항과 그 시행에 필요한 사항을 규정함을 목적으로 한다.

제2조(수상레저기구의 종류) ① 「수상레저안전법」(이하 "법"이라 한다) 제2조제4호에서 "수상오토바이, 모터보트, 고무보트, 세일링요트(돛과 기관이 설치된 것을 말한다) 등 대통령령으로 정하는 것"이란 다음 각 호에 해당하는 수상레저기구를 말한다.

1. 수상오토바이
2. 모터보트
3. 고무보트
4. 세일링요트(돛과 기관이 설치된 것을 말한다. 이하 같다)
5. 스쿠터
6. 공기부양정(호버크라프트)
7. 수륙양용기구
8. 그 밖에 제1호부터 제7호까지의 규정에 따른 수상레저기구와 비슷한 구조·형태·추진기관 또는 운전방식을 가진 것으로서 해양경찰청장이 정하여 고시하는 수상레저기구

② 법 제2조제5호에서 “대통령령으로 정하는 것”이란 다음 각 호에 해당하는 수상레저기구를 말한다.

1. 수상스키(케이블 수상스키를 포함한다. 이하 같다)

2. 파라세일

3. 조정

4. 카약

5. 카누

6. 워터슬레이드

7. 수상자전거

8. 서프보드

9. 노보트

10. 무동력 요트

11. 윈드서핑

12. 웨이크보드(케이블 웨이크보드를 포함한다)

13. 카이트보드

14. 공기주입형 고정식 튜브

15. 플라이보드

16. 패들보드

17. 그 밖에 제1호부터 제16호까지의 규정에 따른 수상레저기구와 비슷한 구조·형태 또는 운전방식을 가진 것으로서 해양경찰청장이 정하여 고시하는 수상레저기구

제3조(수상레저안전관리 기본계획의 수립·시행) ① 해양경찰청장은 법 제4조제1항에 따른 수상레저안전관리 기본계획(이하 “기본계획”

이라 한다)의 수립·시행을 위하여 필요한 경우에는 관계 중앙행정기관의 장 또는 지방자치단체의 장에게 관련 자료의 제출을 요청할 수 있다. 이 경우 자료 제출을 요청받은 관계 중앙행정기관의 장 및 지방자치단체의 장은 특별한 사정이 없으면 요청에 따라야 한다.

② 해양경찰청장은 기본계획의 수립·시행을 위하여 필요하다고 인정하는 경우에는 관계 전문가와 이해관계자의 의견을 들을 수 있다.

③ 해양경찰청장은 기본계획을 수립한 경우에는 그 내용을 관보에 고시하거나 법 제36조에 따른 수상레저종합정보시스템(이하 "수상레저종합정보시스템"이라 한다) 또는 해양경찰청 인터넷 홈페이지에 게시해야 한다.

제2장 조종면허

제4조(조종면허 대상 및 기준) ① 동력수상레저기구를 조종하는 사람이 법 제5조제1항에 따라 동력수상레저기구 조종면허(이하 "조종면허"라 한다)를 받아야 하는 동력수상레저기구는 제2조제1항 각 호에 해당하는 동력수상레저기구로서 추진기관의 최대 출력이 5마력 이상(출력 단위가 킬로와트인 경우에는 3.75킬로와트 이상을 말한다)인 동력수상레저기구로 한다.

② 조종면허의 발급대상은 다음 각 호의 구분과 같다.

1. 일반조종면허

가. 제1급 조종면허: 법 제37조제1항에 따라 등록된 수상레저사업의 종사자, 제17조제1항제2호 및 별표 9 제1호나목에 따른 시험대행기관의 시험관

나. 제2급 조종면허: 제1항에 따라 조종면허를 받아야 하는 동력수상레저기구(세일링요트는 제외한다)를 조종하려는 사람

2. 요트조종면허: 세일링요트를 조종하려는 사람

제5조(조종면허의 결격사유) ① 법 제7조제1항제2호에서 "대통령령으로 정하는 사람"이란 치매, 조현병, 조현정동장애, 양극성 정동장애(조울병), 재발성 우울장애 또는 알코올 중독의 정신질환이 있는 사람으로서 해당 분야 전문의가 정상적으로 동력수상레저기구를 조종할 수 없다고 인정하는 사람을 말한다.

② 법 제7조제1항제3호에서 "대통령령으로 정하는 사람"이란 「마약류 관리에 관한 법률」 제2조제2호부터 제4호까지의 규정에 따른 마약·향정신성의약품 또는 대마의 중독자로서 해당 분야 전문의가 정상적으로 동력수상레저기구를 조종할 수 없다고 인정하는 사람을 말한다.

제6조(조종면허의 결격사유 관련 개인정보의 통보) ① 법 제7조제2항에서 "대통령령으로 정하는 기관의 장"이란 다음 각 호의 사람을 말한다.

1. 보건복지부장관

2. 병무청장

3. 특별시장·광역시장·특별자치시장·도지사 및 특별자치도지사(이하 "시·도지사"라 한다) 또는 시장·군수 및 자치구의 구청장

4. 육군참모총장, 해군참모총장, 공군참모총장 또는 해병대사령관

5. 「정신건강증진 및 정신질환자 복지서비스 지원에 관한 법률」 제3조제5호에 따른 정신의료기관의 장(이하 "정신의료기관의 장"이

라 한다)

② 제1항 각 호의 사람이 법 제7조제2항에 따라 해양경찰청장에게 통보해야 하는 개인정보는 같은 조 제1항제2호 및 제3호에 해당하는 조종면허의 결격사유와 관련된 개인정보로서 그 내용은 별표 1과 같다.

③ 제1항 각 호의 사람은 해양수산부령으로 정하는 바에 따라 제2항에 따른 개인정보를 6개월마다 한 번 이상 해양경찰청장에게 통보해야 한다.

제7조(면허시험의 실시) ① 해양경찰청장은 법 제8조제1항에 따른 면허시험(이하 "면허시험"이라 한다)을 실시하려는 경우에는 면허시험의 일시·장소, 시험 과목 등 면허시험 실시에 필요한 사항을 해양수산부령으로 정하는 바에 따라 공고해야 한다.

② 면허시험에 응시하려는 사람은 해양수산부령으로 정하는 바에 따라 해양경찰청장에게 응시원서를 제출해야 한다.

제8조(필기시험의 과목 및 방법 등) ① 면허시험의 필기시험(이하 "필기시험"이라 한다) 과목은 별표 2와 같다.

② 필기시험은 객관식 시험으로 실시한다. 다만, 글을 알지 못하여 필기시험을 치르는 것이 곤란하다고 인정되는 사람은 구술시험으로 필기시험을 대신할 수 있다.

③ 필기시험의 합격기준은 다음 각 호의 구분과 같다.

1. 일반조종면허: 100점을 만점으로 하여 제1급 조종면허는 70점 이상, 제2급 조종면허는 60점 이상일 것

2. 요트조종면허: 100점을 만점으로 하여 70점 이상일 것

④ 필기시험에 합격한 사람은 그 합격일부터 1년 이내에 실시하는 면허시험에서만 그 필기시험이 면제된다.

⑤ 필기시험에 불합격한 사람은 그 불합격한 날의 다음 날부터 다시 필기시험에 응시할 수 있다.

제9조(실기시험의 방법 등) ① 면허시험의 실기시험(이하 "실기시험"이라 한다)은 필기시험에 합격한 사람이나 필기시험을 면제받은 사람에 대해서만 실시한다.

② 실기시험의 합격기준은 다음 각 호의 구분과 같다.

1. 일반조종면허: 100점을 만점으로 하여 제1급 조종면허는 80점 이상, 제2급 조종면허는 60점 이상일 것

2. 요트조종면허: 100점을 만점으로 하여 60점 이상일 것

③ 실기시험의 채점기준과 운항코스는 해양수산부령으로 정한다.

④ 해양경찰청장은 실기시험을 실시할 때 응시자로 하여금 별표 3에 따른 규격에 적합한 실기시험용 동력수상레저기구를 사용하게 해야 한다. 다만, 실기시험 응시자가 따로 준비한 동력수상레저기구가 별표 3에 따른 규격에 적합한 경우에는 실기시험에 그 동력수상레저기구를 사용하게 할 수 있다.

⑤ 실기시험에 불합격한 사람은 그 불합격한 날의 다음다음 날부터 다시 실기시험에 응시할 수 있다.

⑥ 제1항부터 제5항까지에서 규정한 사항 외에 실기시험 실시에 필요한 사항은 해양수산부령으로 정한다.

제10조(면허시험의 면제 등) ① 법 제9조제1항제1호에서 "대통령령으로 정하는 체육 관련 단체"란 「국민체육진흥법」 제2조제11호에

따른 경기단체를 말한다.

② 법 제9조제1항제2호가목에서 "대통령령으로 정하는 동력수상레저기구 관련 학과"란 동력수상레저기구와 관련된 과목을 6학점 이상 필수적으로 취득해야 하는 학과를 말한다.

③ 법 제9조제1항제3호에서 "대통령령으로 정하는 면허"란 「선박직원법」 제4조제2항제1호 · 제2호 · 제4호 · 제5호 또는 제6호에 따른 항해사 · 기관사 · 운항사 · 수면비행선박 조종사 또는 소형선박 조종사의 면허를 말한다.

④ 법 제9조제1항에 따른 면허시험 과목의 면제 기준은 별표 4와 같다.

제11조(면허시험 면제교육기관의 지정 등) ① 해양경찰청장은 법 제9조제1항제5호에 따라 다음 각 호의 기준을 모두 갖춘 기관이나 단체를 면허시험(제2급 조종면허와 요트조종면허로 한정한다) 과목의 전부를 면제하는 교육을 실시하는 기관이나 단체(이하 "면허시험 면제교육기관"이라 한다)로 지정할 수 있다.

1. 다음 각 목의 어느 하나에 해당하는 기관이나 단체일 것

가. 경찰, 해양경찰, 소방 또는 국방 관련 업무의 수행을 위하여 동력수상레저기구와 유사한 수상기구를 운영 · 관리하는 기관

나. 「공공기관의 운영에 관한 법률」 제4조에 따른 공공기관 또는 지방자치단체

다. 「고등교육법」 제2조에 따른 학교 중 동력수상레저기구 관련 교육과정을 운영하는 학교

라. 그 밖에 수상레저활동 관련 교육기관이나 단체로서 해양경

찰청장이 인정하는 기관이나 단체

2. 별표 5에 따른 인적기준 · 장비기준 및 시설기준을 갖출 것

② 면허시험 면제교육기관으로 지정받으려는 자는 해양수산부령으로 정하는 바에 따라 해양경찰청장에게 그 지정을 신청해야 한다.

③ 해양경찰청장은 면허시험 면제교육기관을 지정할 때에는 해양수산부령으로 정하는 지정서를 신청인에게 발급하고, 그 사실을 관보에 고시하거나 수상레저종합정보시스템 또는 해양경찰청 인터넷 홈페이지에 게시해야 한다.

④ 법 제9조제3항에 따라 면허시험 면제교육기관이 운영해야 하는 교육내용은 다음 각 호의 구분과 같다.

1. 제2급 조종면허 시험 면제의 경우: 수상레저 관계 법령, 수상 상식, 구급 및 응급처치, 모터보트 개요, 항해 및 기관(機關), 조종술(操縱術)

2. 요트조종면허 시험 면제의 경우: 수상레저 관계 법령, 수상 상식, 구급 및 응급처치, 요트 개요, 항해 및 기관, 범주법(帆走法)

⑤ 제1항부터 제4항까지에서 규정한 사항 외에 면허시험 면제교육기관의 지정 및 교육 운영에 필요한 사항은 해양수산부령으로 정한다.

제12조(면허시험 면제교육기관의 지정취소 기준 등) ① 법 제10조제1항에 따른 면허시험 면제교육기관의 지정취소 및 업무정지의 세부 기준은 별표 6과 같다.

② 법 제10조제1항에 따라 면허시험 면제교육기관의 지정이 취소된 자는 제11조제3항에 따른 지정서를 해양경찰청장에게 반납해야

한다.

제13조(조종면허증의 갱신 연기 등) ① 법 제12조제1항 각 호 외의 부분 단서에서 "군복무 등 대통령령으로 정하는 사유"란 다음 각 호의 경우를 말한다.

1. 군 복무 중(「병역법」 제25조에 따라 의무소방원 또는 의무경찰대원으로 전환복무 중인 경우를 포함한다)이거나 「대체역의 편입 및 복무 등에 관한 법률」에 따라 대체복무요원으로 복무 중인 경우

2. 국외에 체류 중인 경우

3. 재해 또는 재난을 당한 경우

4. 질병에 걸리거나 부상을 입어 움직일 수 없는 경우

5. 법령에 따라 신체의 자유를 구속당한 경우

6. 그 밖에 사회통념상 부득이하다고 인정할 만한 사유가 있는 경우

② 법 제12조제1항 각 호 외의 부분 단서에 따라 동력수상레저기구 조종면허증(이하 "면허증"이라 한다)의 갱신을 미리 하거나 연기하려는 사람은 해양수산부령으로 정하는 신청서에 그 사유를 증명할 수 있는 서류를 첨부하여 다음 각 호의 구분에 따른 날까지 해양경찰청장에게 제출해야 한다.

1. 면허증의 사전 갱신: 법 제12조제1항 각 호에 따른 면허증 갱신 기간의 시작일 전날까지

2. 면허증의 갱신 연기: 법 제12조제1항 각 호에 따른 면허증 갱신 기간의 마지막 날까지

③ 해양경찰청장은 제2항에 따른 신청이 타당하다고 인정될 때에

는 면허증을 미리 갱신하여 발급하거나 면허증의 갱신을 연기할 수 있다.

④ 제3항에 따라 면허증의 갱신이 연기된 사람은 그 사유가 없어진 날부터 3개월 이내에 면허증을 갱신해야 한다.

제14조(수상안전교육의 면제대상) 법 제13조제1항 각 호 외의 부분 단서에서 “대통령령으로 정하는 사람”이란 다음 각 호의 어느 하나에 해당하는 사람을 말한다.

1. 법 제8조에 따라 면허시험 응시원서를 접수한 날 또는 법 제12조제1항 각 호에 따른 면허증 갱신 기간의 시작일부터 소급하여 6개월 이내에 다음 각 목의 어느 하나에 해당하는 교육을 받은 사람

가. 법 제13조제1항에 따른 수상안전교육

나. 「선원법 시행령」 제43조제1항에 따른 기초안전교육 또는 상급안전교육

2. 법 제9조제1항제5호에 해당하여 제2급 조종면허 또는 요트조종면허시험 과목의 전부를 면제받은 사람

3. 법 제12조제1항 각 호에 따른 면허증 갱신 기간의 마지막 날부터 소급하여 6개월 이내에 법 제19조에 따른 종사자 교육을 받은 사람

제15조(안전교육 위탁기관의 지정 등) ① 해양경찰청장은 법 제13조제2항에 따라 다음 각 호의 기준을 모두 갖춘 기관이나 단체를 법 제13조제1항에 따른 수상안전교육 사무를 위탁받아 실시하는 기관이나 단체(이하 “안전교육 위탁기관”이라 한다)로 지정할 수 있다.

1. 제11조제1항제1호 각 목의 어느 하나에 해당하는 기관이나 단

체일 것

2. 최근 3년 이내에 안전교육 위탁기관의 지정이 취소된 사실이 없을 것

3. 별표 7에 따른 인적기준·시설기준 및 장비기준을 갖출 것

② 안전교육 위탁기관으로 지정받으려는 자는 해양수산부령으로 정하는 바에 따라 해양경찰청장에게 그 지정을 신청해야 한다.

③ 해양경찰청장은 안전교육 위탁기관을 지정할 때에는 해양수산부령으로 정하는 지정서를 신청인에게 발급하고, 그 사실을 관보에 고시하거나 수상레저종합정보시스템 또는 해양경찰청 인터넷 홈페이지에 게시해야 한다.

④ 제1항부터 제3항까지에서 규정한 사항 외에 안전교육 위탁기관의 지정, 안전교육 위탁기관에서 실시하는 교육에 필요한 사항은 해양수산부령으로 정한다.

제16조(안전교육 위탁기관의 지정취소 기준 등) ① 법 제14조제1항에 따른 안전교육 위탁기관의 지정취소 및 업무정지의 세부 기준은 별표 8과 같다.

② 법 제14조제1항에 따라 안전교육 위탁기관의 지정이 취소된 자는 제15조제3항에 따른 지정서를 해양경찰청장에게 반납해야 한다.

제17조(시험대행기관의 지정 등) ① 해양경찰청장은 법 제18조제1항에 따라 다음 각 호의 기준을 모두 갖춘 기관이나 단체를 면허시험의 실시업무를 대행하는 기관이나 단체(이하 "시험대행기관"이라 한다)로 지정할 수 있다.

1. 제11조제1항제1호 각 목의 어느 하나에 해당하는 기관이나 단체일 것

2. 시험장별로 별표 9에 따른 인적기준·장비기준 및 시설기준을 갖출 것

② 시험대행기관으로 지정받으려는 자는 해양수산부령으로 정하는 바에 따라 해양경찰청장에게 그 지정을 신청해야 한다.

③ 해양경찰청장은 시험대행기관을 지정할 때에는 해양수산부령으로 정하는 지정서를 신청인에게 발급하고, 그 사실을 관보에 고시하거나 수상레저종합정보시스템 또는 해양경찰청 인터넷 홈페이지에 게시해야 한다.

제18조(시험대행기관의 지정취소 기준 등) ① 법 제18조제2항에 따른 시험대행기관의 지정취소 및 업무정지의 세부 기준은 별표 10과 같다.

② 법 제18조제2항에 따라 시험대행기관의 지정이 취소된 자는 제17조제3항에 따른 지정서를 해양경찰청장에게 반납해야 한다.

제19조(시험대행기관에 대한 감독 등) ① 시험대행기관은 법 제18조제3항에 따라 면허시험을 대행한 실적을 매 반기 종료일부터 14일 이내에 해양경찰청장에게 제출해야 한다. 이 경우 수상레저종합정보시스템을 통하여 해당 실적을 제출할 수 있다.

② 해양경찰청장은 법 제18조제4항에 따라 시험대행기관의 대행업무 실적에 관한 확인 또는 감독을 위하여 시험대행기관에 필요한 자료의 제출을 요청할 수 있다.

제3장 안전준수의무

제20조(운항방법 등의 준수) ① 수상레저활동을 하는 사람은 법 제21조에 따라 별표 11에서 정하는 운항방법 및 기구의 속도 등에 관한 사항을 준수해야 한다.

② 제1항에 따른 사람이 「수상레저기구의 등록 및 검사에 관한 법률」 제6조에 따라 등록해야 하는 동력수상레저기구(이하 "등록대상 동력수상레저기구"라 한다)를 이용할 때에는 같은 법 제16조제2항에 따라 지정된 운항구역만을 운항해야 한다. 다만, 다음 각 호의 어느 하나에 해당하는 경우에는 그렇지 않다.

1. 「수상레저기구의 등록 및 검사에 관한 법률」 제16조제2항 및 같은 법 시행령 제2조제1호가목에 따라 운항구역을 평수구역(平水區域)으로 지정받은 동력수상레저기구를 사용하여 평수구역의 끝단 및 가까운 육지 또는 섬으로부터 10해리[해양수산부령으로 정하는 기관(機關)을 사용하는 동력수상레저기구의 경우는 5해리로 한다] 이내의 연해구역(沿海區域)을 운항하는 경우

2. 「수상레저기구의 등록 및 검사에 관한 법률」 제16조제2항 및 같은 법 시행령 제2조제1호가목에 따라 운항구역을 평수구역으로 지정받은 동력수상레저기구를 사용하여 운항구역을 연해구역 이상으로 지정받은 동력수상레저기구와 500미터 이내의 거리에서 동시에 운항하기 위하여 관할 해양경찰서장에게 해양수산부령으로 정하는 운항신고서를 제출한 경우

제21조(수상레저활동 제한의 예외) 법 제22조 각 호 외의 부분 단서에서 "대통령령으로 정하는 경우"란 기상특보 중 풍랑·폭풍해일

· 호우 · 대설 · 강풍 주의보가 발효된 경우로서 수상레저활동을 하기 위하여 관할 해양경찰서장 또는 특별자치시장 · 제주특별자치도지사 · 시장 · 군수 및 구청장(구청장은 자치구의 구청장을, 서울특별시의 관할구역에 있는 한강의 경우에는 서울특별시의 한강 관리에 관한 업무를 관장하는 기관의 장을 말하며, 이하 "시장 · 군수 · 구청장"이라 한다)에게 해양수산부령으로 정하는 기상특보활동신고서를 제출한 경우를 말한다.

제22조(수상레저기구의 정원 산출기준) ① 법 제29조에 따른 수상레저기구의 정원은 「수상레저기구의 등록 및 검사에 관한 법률」 제15조에 따른 안전검사에 따라 결정되는 정원으로 한다.

② 등록대상 동력수상레저기구가 아닌 수상레저기구의 정원은 해당 수상레저기구의 좌석 수 또는 형태 등을 고려하여 해양경찰청장이 정하여 고시하는 기준에 따라 산출한다.

③ 제1항 및 제2항에 따라 정원을 산출할 때에는 수난구호나 그 밖의 부득이한 사유로 승선한 인원은 정원으로 보지 않는다.

제4장 안전관리

제23조(한국수상레저안전협회) ① 법 제34조제1항에 따른 한국수상레저안전협회(이하 "협회"라 한다)의 정관에는 다음 각 호의 사항이 포함되어야 한다.

1. 목적
2. 명칭
3. 사무소 소재지(지부 또는 사업소를 포함한다)

4. 사업 및 그 집행에 관한 사항
5. 회원자격, 가입·탈퇴 및 권리·의무에 관한 사항
6. 임원 및 직원에 관한 사항
7. 총회 및 이사회에 관한 사항
8. 기구 및 조직에 관한 사항
9. 자산 및 회계에 관한 사항
10. 정관의 변경에 관한 사항
11. 공고의 방법에 관한 사항

② 협회는 법 제34조제1항에 따라 다음 각 호의 업무를 수행한다.

1. 수상레저활동 안전관리제도의 연구·개발 및 홍보
2. 수상레저활동 안전교육 프로그램의 개발 및 보급
3. 수상레저안전 관련 종사자에 대한 교육·훈련 및 지도
4. 수상레저기구 안전기술의 조사 및 연구
5. 수상레저산업 관련 국내외 협력
6. 수상레저산업의 현황 및 통계조사

③ 다음 각 호에 해당하는 사람은 협회의 회원이 될 수 있다.

1. 수상레저사업자
2. 수상레저활동 관련 기관이나 법인 또는 단체의 대표자
3. 그 밖에 협회의 정관에서 회원으로 정하는 사람

④ 협회는 다음 각 호의 사항을 해양경찰청장에게 보고해야 한다.

1. 사업운영에 관한 사항
2. 재정운영에 관한 사항
3. 조직운영에 관한 사항

4. 그 밖에 해양경찰청장이 협회를 감독하기 위하여 필요하다고 인정하는 사항

제24조(수상레저활동안전협의회의 구성 등) ① 법 제35조제1항에 따른 수상레저활동안전협의회(이하 "안전협의회"라 한다)는 다음 각 호의 사항을 협의한다.

1. 수상레저활동 안전관리제도의 개선 및 보완
2. 수상레저활동 안전과 관련된 주요 정책 및 업무의 협조
3. 수상레저활동 안전사고의 예방 및 대응
4. 그 밖에 수상레저활동의 안전과 관련하여 협의가 필요한 사항

② 안전협의회의 구성 및 운영에 관한 사항은 다음 각 호의 기준에 따라 해당 지방자치단체의 조례로 정한다.

1. 안전협의회는 위원장 1명을 포함하여 17명 이내의 위원으로 구성할 것
2. 안전협의회의 위원장은 해당 지방자치단체의 부시장 또는 부지사 중에서 조례로 정하거나 시·도지사가 지명하도록 할 것
3. 안전협의회의 위원은 수상레저안전업무를 담당하는 소속 공무원, 수상레저안전 관련 업무를 수행하는 관계 행정기관의 소속 공무원 및 수상레저안전 분야에 관한 학식과 경험을 갖춘 민간위원으로 구성할 것
4. 안전협의회 회의의 소집권자 및 소집절차 등 회의 운영에 필요한 사항을 정할 것

제5장 수상레저사업

제25조(안전점검의 대상 및 절차 등) ① 법 제43조제1항에 따른 안전점검(이하 “안전점검”이라 한다)의 대상 및 항목은 다음 각 호와 같다.

1. 수상레저기구의 안전성(「수상레저기구의 등록 및 검사에 관한 법률」 제15조에 따른 안전검사의 대상이 되는 동력수상레저기구는 제외한다)

2. 법 제37조제1항에 따른 수상레저사업(이하 “수상레저사업”이라 한다)의 사업장에 설치된 시설·장비 등이 등록기준에 적합한지 여부

3. 법 제44조제1항 각 호에 따른 수상레저사업자와 그 종사자의 조치 의무

4. 법 제44조제1항제5호에 따른 인명구조요원이나 래프팅가이드의 자격 및 배치기준 준수 의무

5. 법 제44조제2항 각 호에 따른 수상레저사업자와 그 종사자의 행위제한 등의 준수 의무

② 해양경찰서장 또는 시장·군수·구청장은 법 제43조제1항에 따라 안전점검을 실시하는 경우에는 안전점검의 목적·대상 및 점검 일시 등을 안전점검 대상자에게 미리 통보해야 한다. 다만, 재난·재해의 발생이 예상되는 등 긴급한 경우 또는 사전에 알리면 증거인멸 등으로 안전점검의 목적을 달성할 수 없다고 인정되는 경우에는 미리 통보하지 않을 수 있다.

③ 해양경찰서장 또는 시장·군수·구청장은 법 제43조제1항에 따라 안전점검 결과를 공개할 때에는 다음 각 호의 사항이 포함된

안전점검 결과를 해당 기관의 인터넷 홈페이지에 2개월 이상 게시하는 방법으로 한다.

1. 안전점검을 실시한 수상레저기구 또는 수상레저시설의 명칭 및 위치

2. 안전점검의 실시기간

3. 안전점검 결과의 내용 및 조치계획

4. 그 밖에 안전점검 결과와 관련하여 해양경찰서장 또는 시장·군수·구청장이 공개할 필요가 있다고 인정하는 사항

제26조(인명구조요원·래프팅가이드의 자격기준 등) ① 법 제44조제1항제5호에 따른 인명구조요원이나 래프팅가이드는 다음 각 호의 구분에 따른 자격을 갖춘 사람이어야 한다.

1. 인명구조요원: 다음 각 목의 어느 하나에 해당하는 사람

가. 별표 12에 따른 지정기준을 갖춘 기관이나 단체 중 해양경찰청장이 교육기관으로 지정하는 기관이나 단체(이하 이 조 및 별표 12에서 "교육기관"이라 한다)가 운영하는 인명구조 교육과정을 이수한 후 인명구조요원 자격을 취득한 사람

나. 「수상에서의 수색·구조 등에 관한 법률」 제30조의2에 따른 수상구조사

2. 래프팅가이드: 교육기관이 운영하는 인명구조 교육과정을 이수한 후 래프팅가이드 자격을 취득한 사람

② 교육기관의 지정·지정취소, 관리·감독, 인명구조 교육과정의 운영 등에 필요한 사항은 해양경찰청장이 정하여 고시한다.

③ 인명구조요원은 해당 수상레저사업의 영업구역에 배치해야 한다.

④ 래프팅가이드는 영업 중인 래프팅기구마다 1명 이상 탑승하여 영업구역의 안전 상태와 탑승객의 안전을 확인해야 한다. 다만, 다음 각 호의 요건을 모두 갖춘 경우에는 래프팅가이드가 다른 래프팅기구에 탑승하여 근접운항하면서 영업구역의 안전 상태와 탑승객의 안전을 확인하게 할 수 있다.

1. 운항수역을 관할하는 시장·군수·구청장이 해당 사업장과 영업구역의 물의 깊이, 유속(流速), 운항거리, 급류의 세기 등을 고려하여 위험방지에 지장이 없다고 인정하는 경우

2. 래프팅기구의 승선정원이 4명 이하인 경우

⑤ 제4항 단서에 따라 래프팅가이드 1명이 근접운항하면서 운항할 수 있는 래프팅기구의 수는 운항수역을 관할하는 시장·군수·구청장이 2대부터 5대까지의 범위에서 정해야 한다.

⑥ 법 제44조제1항제6호에 따라 배치하는 비상구조선(수상레저사업장과 그 영업구역의 순시 및 인명구조를 위하여 사용되는 동력수상레저기구를 말한다. 이하 같다)은 인명구조에 적합한 동력수상레저기구로 하며, 비상구조선임을 알 수 있는 표시를 해야 한다.

제27조(위험물의 범위) 법 제44조제2항제6호에서 "대통령령으로 정하는 폭발물·인화물질 등의 위험물"이란 「선박안전법」 제41조제3항에 따른 위험물을 말한다.

제28조(영업의 제한 대상이 되는 수상레저기구) 법 제46조제1항 각 호 외의 부분 단서에서 "이용자의 신체가 직접 수면에 닿는 수상레저기구 등 대통령령으로 정하는 수상레저기구"란 스쿠터, 수상스키, 파라세일, 서프보드 등 수상레저활동을 하는 사람의 신체가 활동 과

정에서 수면에 닿게 되는 수상레저기구를 말한다.

제29조(자료 제출) 해양경찰서장 또는 시장·군수·구청장은 법 제47조에 따라 수상레저사업자에게 다음 각 호의 서류를 제출하게 할 수 있다.

1. 법 제44조제1항 각 호에 따른 조치를 했음을 증명하는 서류
2. 법 제49조제2항에 따른 보험이나 공제의 가입과 관련된 서류

제6장 보험

제30조(동력수상레저기구 소유자의 보험등의 가입) 등록대상 동력수상레저기구의 소유자는 법 제49조제1항에 따라 다음 각 호의 요건을 모두 갖춘 보험이나 공제(이하 "보험등"이라 한다)에 가입해야 한다.

1. 가입기간: 동력수상레저기구의 등록기간 동안 계속하여 가입할 것
2. 가입금액: 「자동차손해배상 보장법 시행령」 제3조제1항에 따른 금액 이상으로 할 것

제31조(수상레저사업자의 보험등의 가입) 수상레저사업자는 법 제49조제2항에 따라 다음 각 호의 요건을 모두 갖춘 보험등에 가입해야 한다.

1. 가입기간: 수상레저사업자의 사업기간 동안 계속하여 가입할 것
2. 피보험자 또는 피공제자: 수상레저사업에 종사하는 사람이나 수상레저기구 이용자를 피보험자나 피공제자로 할 것

3. 가입금액: 「자동차손해배상 보장법 시행령」 제3조제1항에 따른 금액 이상으로 할 것

제32조(보험등의 가입 여부에 대한 정보 제공) 수상레저사업자는 법 제50조에 따라 다음 각 호의 사항을 사업장 안의 잘 보이는 장소에 게시해야 한다.

1. 보험등의 가입기간
2. 가입한 보험등의 피보험자 또는 피공제자
3. 보험등의 가입금액

제33조(보험등 가입관리전산망의 구축 · 운영) ① 해양경찰청장은 법 제52조제1항에 따라 보험등 가입관리전산망(이하 "가입관리전산망"이라 한다)의 구축 · 운영을 위하여 다음 각 호의 업무를 수행한다.

1. 가입관리전산망의 구성 · 관리 및 개선
2. 보험등의 가입 정보에 관한 데이터베이스의 구축 · 보급 및 운영
3. 가입관리전산망의 운영을 위한 컴퓨터 · 통신설비 등의 설치 및 관리
4. 그 밖에 가입관리전산망의 구축 · 운영에 필요한 업무

② 해양경찰청장은 제1항 각 호의 업무를 원활하게 수행하기 위하여 가입관리전산망 운영지침을 수립 · 시행할 수 있다.

제7장 보칙

제34조(과징금의 부과기준) 법 제56조제1항에 따른 과징금의 부과기준은 별표 13과 같다.

제35조(과징금의 부과 및 납부) ① 해양경찰청장은 법 제56조제1항

에 따라 과징금을 부과하는 경우에는 그 위반행위의 종류와 해당 과징금의 금액을 구체적으로 적어 과징금 부과대상자에게 서면으로 통지해야 한다.

② 제1항에 따라 통지를 받은 자는 통지를 받은 날부터 20일 이내에 해양경찰청장이 정하는 수납기관에 과징금을 납부해야 한다.

③ 제2항에 따라 과징금을 받은 수납기관은 그 납부자에게 영수증을 발급하고, 과징금이 납부된 사실을 지체 없이 해양경찰청장에게 알려야 한다.

제36조(권한의 위임) 해양경찰청장은 법 제59조에 따라 지방해양경찰청장이나 해양경찰서장에게 다음 각 호의 구분에 따른 권한을 위임한다.

1. 지방해양경찰청장: 법 제4조제5항에 따른 수상레저안전관리 시행계획의 수립 · 시행에 필요한 지도 · 감독

2. 해양경찰서장: 다음 각 목의 권한

가. 법 제12조에 따른 면허증의 갱신

나. 법 제15조에 따른 면허증의 발급 및 재발급

다. 법 제17조제1항에 따른 조종면허의 취소 및 효력 정지

제37조(민감정보 및 고유식별정보의 처리) ① 해양경찰청장(법 제18조제1항에 따라 해양경찰청장의 업무를 대행하는 자를 포함한다), 해양경찰서장 또는 시장 · 군수 · 구청장은 다음 각 호의 사무를 수행하기 위하여 불가피한 경우 「개인정보 보호법」 제23조에 따른 건강에 관한 정보(제1호 · 제2호 · 제5호 및 제6호의 사무로 한정한다), 같은 법 시행령 제18조제2호에 따른 범죄경력자료에 해당하는 정보

(제5호부터 제11호까지의 사무로 한정한다), 같은 영 제19조제1호, 제2호 또는 제4호에 따른 주민등록번호, 여권번호 또는 외국인등록번호가 포함된 자료를 처리할 수 있다.

1. 법 제7조제1항에 따른 조종면허의 결격사유 확인에 관한 사무

2. 법 제8조제3항에 따른 면허시험 응시원서 접수에 관한 사무

3. 법 제12조에 따른 면허증의 갱신에 관한 사무

4. 법 제15조에 따른 면허증의 발급 및 재발급에 관한 사무

5. 법 제17조제1항에 따른 조종면허의 취소 및 효력 정지에 관한 사무

6. 법 제36조에 따른 수상레저종합정보시스템의 구축·운영에 관한 사무

7. 법 제37조제1항 및 제2항에 따른 수상레저사업의 등록 및 변경등록에 관한 사무

8. 법 제38조제2항에 따른 수상레저사업의 갱신등록에 관한 사무

9. 법 제39조에 따른 수상레저사업 등록의 결격사유 확인에 관한 사무

10. 법 제41조제2항에 따른 수상레저사업 재개업의 신고 수리에 관한 사무

11. 법 제48조에 따른 수상레저사업의 등록취소에 관한 사무

② 해양경찰청장(법 제13조제2항에 따라 해양경찰청장의 업무를 위탁받은 자를 포함한다), 지방해양경찰청장, 해양경찰서장 또는 시장·군수·구청장은 다음 각 호의 사무를 수행하기 위하여 불가피한 경우 「개인정보 보호법 시행령」 제19조제1호, 제2호 또는 제4호에

따른 주민등록번호, 여권번호 또는 외국인등록번호가 포함된 자료를 처리할 수 있다.

1. 법 제13조제1항에 따른 수상안전교육의 실시에 관한 사무
2. 법 제19조제1항에 따른 종사자 교육의 실시에 관한 사무
3. 법 제51조제1항에 따른 자료 또는 정보의 제공 요청에 관한 사무
4. 법 제52조제1항에 따른 가입관리전산망의 구축·운영에 관한 사무

③ 법 제51조제1항에 따른 보험회사 및 공제사업자 또는 「보험업법」 제11장제1절의 보험협회 등은 법 제51조제2항에 따라 보험등의 가입과 관련된 자료 또는 정보를 해양경찰청장, 지방해양경찰청장, 해양경찰서장 또는 시장·군수·구청장에게 제공하기 위하여 불가피한 경우 「개인정보 보호법 시행령」 제19조제1호, 제2호 또는 제4호에 따른 주민등록번호, 여권번호 또는 외국인등록번호가 포함된 자료를 처리할 수 있다.

제38조(규제의 재검토) 해양경찰청장은 다음 각 호의 사항에 대하여 2022년 1월 1일을 기준으로 3년마다(매 3년이 되는 해의 기준일과 같은 날 전까지를 말한다) 그 타당성을 검토하여 개선 등의 조치를 해야 한다.

1. 제12조 및 별표 6에 따른 면허시험 면제교육기관의 지정취소 및 업무정지 처분기준
2. 제16조 및 별표 8에 따른 안전교육 위탁기관의 지정취소 및 업무정지 처분기준

3. 제18조 및 별표 10에 따른 시험대행기관의 지정취소 및 업무정지 처분기준

4. 제20조 및 별표 11에 따른 운항방법 및 기구의 속도 등에 관한 준수사항

제8장 벌칙

제39조(과태료 부과기준) 법 제64조제1항 및 제2항에 따른 과태료의 부과기준은 별표 14와 같다.

부칙 〈제33518호, 2023. 6. 7.〉

제1조(시행일) 이 영은 2023년 6월 11일부터 시행한다.

제2조(일반적 경과조치) 이 영 시행 당시 종전의 「수상레저안전법 시행령」에 따라 행한 처분ㆍ절차 및 그 밖의 행위는 그에 해당하는 이 영의 규정에 따라 행한 것으로 본다.

제3조(수상안전교육이 면제되는 교육의 이수시기에 관한 경과조치) 이 영 시행 전에 종전의 「수상레저안전법」 제6조에 따라 면허시험 응시원서를 접수하거나, 같은 법 제9조에 따라 면허증 갱신을 신청한 사람의 수상안전교육이 면제되는 교육의 이수시기에 관하여는 제14조제1호 및 제3호의 개정규정에도 불구하고 종전의 「수상레저안전법 시행령」 제8조제1호 및 제2호에 따른다.

제4조(면허시험 면제교육기관의 장비기준 변경에 관한 경과조치) 이 영 시행 당시 종전의 「수상레저안전법 시행령」 제7조제5항 및 별표 3에 따라 면허시험 면제교육기관으로 지정된 자는 2023년 11월 30

일까지 별표 5 제2호다목부터 아목까지의 개정규정에 따른 장비를 갖춰야 한다.

제5조(시험대행기관의 장비기준 변경에 관한 경과조치) 이 영 시행 당시 종전의 「수상레저안전법 시행령」 제11조에 따라 시험대행기관으로 지정된 자는 2023년 11월 30일까지 별표 9 제2호아목의 개정규정에 따른 장비를 갖춰야 한다.

제6조(인명구조요원 및 래프팅가이드 교육기관에 관한 경과조치) 이 영 시행 당시 종전의 「수상레저안전법 시행령」 제37조 및 별표 10의2에 따라 인명구조요원 및 래프팅가이드 교육기관으로 지정된 자는 제26조 및 별표 12의 개정규정에 따라 인명구조요원 및 래프팅가이드 교육기관으로 지정된 것으로 본다.

제7조(과징금의 부과기준에 관한 경과조치) ① 이 영 시행 전의 위반행위에 대하여 과징금의 부과기준을 적용할 때에는 별표 13의 개정규정에도 불구하고 종전의 「수상레저안전법 시행령」 제38조의4제2항 및 별표 10의3에 따른다.

② 이 영 시행 전의 위반행위로 받은 과징금 부과처분(업무정지처분을 포함한다)은 별표 13의 개정규정에 따른 위반행위의 횟수 산정에 포함한다.

제8조(시험장별 책임운영자에 관한 경과조치) 대통령령 제23379호 수상레저안전법 시행령 일부개정령의 시행일인 2013년 12월 17일 당시 종전의 「수상레저안전법 시행령」(대통령령 제23379호 수상레저안전법 시행령 일부개정령으로 개정되기 전의 것을 말한다)에 따라 시험대행기관에 배치된 책임운영자는 제17조제1항제2호 및 별표

9 제1호가목의 개정규정에 따른 책임운영자로 본다.

제9조(면허시험이 면제되는 교육을 실시하는 기관·단체의 인적 기준에 관한 경과조치) 대통령령 제25274호 수상레저안전법 시행령 일부개정령의 시행일인 2014년 3월 24일 당시 종전의 「수상레저안전법 시행령」(대통령령 제25274호 수상레저안전법 시행령 일부개정령으로 개정되기 전의 것을 말한다. 이하 이 조에서 같다) 별표 3 제1호가목1)다)에 따른 인적 기준을 갖추어 면허시험이 면제되는 교육을 실시하는 기관·단체에 대해서는 대통령령 제25274호 수상레저안전법 시행령 일부개정령 별표 3 제1호가목1)다)의 개정규정에도 불구하고 종전의 「수상레저안전법 시행령」 별표 3 제1호가목1)다)에 따른다.

제10조(종전 부칙의 적용범위에 관한 경과조치) 이 영 시행 전의 「수상레저안전법 시행령」의 개정에 따른 부칙의 규정은 기간의 경과 등으로 이미 그 효력이 상실된 규정을 제외하고는 이 영 시행 이후에도 계속하여 효력을 가진다.

제11조(다른 법령의 개정) ① 마리나항만의 조성 및 관리 등에 관한 법률 시행령 일부를 다음과 같이 개정한다.

제32조의6제1항제6호 중 "「수상레저안전법」 제39조"를 "「수상레저안전법」 제37조"로 한다.

별표 1의2 제1호다목1)나) 중 "같은 법 제4조제2항제1호"를 "같은 법 제5조제2항제1호"로 하고, 같은 목 1)다) 중 "「수상레저안전법 시행령」 제2조제1항제2호"를 "「수상레저안전법 시행령」 제2조제1항제4호"로, "「수상레저안전법」 제4조제2항제2호"를 "「수상레저안전법」

제5조제2항제2호"로 하며, 같은 목 1)라) 중 "「수상레저안전법」 제4조제2항제1호"를 "「수상레저안전법」 제5조제2항제1호"로 한다.

② 보험업법 시행령 일부를 다음과 같이 개정한다.

제80조제1항제8호 중 "「수상레저안전법」 제34조 및 제44조"를 "「수상레저안전법」 제49조"로 한다.

③ 연안사고 예방에 관한 법률 시행령 일부를 다음과 같이 개정한다.

제8조 각 호 외의 부분 중 "「수상레저안전법 시행령」 제37조제1항"을 "「수상레저안전법 시행령」 제26조제1항제1호"로 하고, 같은 조 제2호나목 중 "「수상레저안전법」 제4조제2항제1호"를 "「수상레저안전법」 제5조제2항제1호"로 한다.

④ 유선 및 도선 사업법 시행령 일부를 다음과 같이 개정한다.

제20조제1항제1호 중 "「수상레저안전법」 제48조제3항"을 "「수상레저안전법 시행령」 제26조제1항제1호"로 한다.

⑤ 지방세법 시행령 일부를 다음과 같이 개정한다.

별표 1 〈제2종〉 제133호 중 "「수상레저안전법」 제39조"를 "「수상레저안전법」 제37조"로 한다.

제12조(다른 법령과의 관계) 이 영 시행 당시 다른 법령에서 종전의 「수상레저안전법 시행령」의 규정을 인용한 경우에는 이 영 가운데 그에 해당하는 규정이 있을 때에는 종전의 규정을 갈음하여 이 영 또는 이 영의 해당 규정을 인용한 것으로 본다.

부칙 〈제34152호, 2024. 1. 16.〉 (해사안전기본법 시행령)

제1조(시행일) 이 영은 2024년 1월 26일부터 시행한다. 〈단서 생략〉

제2조 및 제3조 생략

제4조(다른 법령의 개정) ①부터 ④까지 생략

⑤ 수상레저안전법 시행령 일부를 다음과 같이 개정한다.

별표 2 제1호라목의 출제 범위란 4) 및 같은 표 제2호라목의 출제 범위란 4)를 각각 다음과 같이 한다.

4) 「해사안전기본법」 및 「해상교통안전법」

⑥ 및 ⑦ 생략

제5조 생략

별표 / 서식

[별표 1] 조종면허의 결격사유와 관련하여 해양경찰청장에게 통보해야 하는 개인정보의 내용(제6조제2항 관련)

[별표 2] 필기시험 과목(제8조제1항 관련)

[별표 3] 실기시험용 동력수상레저기구의 규격(제9조제4항 관련)

[별표 4] 면허시험 과목의 면제 기준(제10조제4항 관련)

[별표 5] 면허시험 면제교육기관의 인적기준 · 장비기준 및 시설기준(제11조제1항제2호 관련)

[별표 6] 면허시험 면제교육기관의 지정취소 및 업무정지의 세부기준(제12조제1항 관련)

[별표 7] 안전교육 위탁기관의 인적기준 · 시설기준 및 장비기준(제15조제1항제3호 관련)

[별표 8] 안전교육 위탁기관의 지정취소 및 업무정지의 세부 기준

(제16조제1항 관련)

[별표 9] 시험대행기관의 시험장별 인적기준·장비기준 및 시설기준(제17조제1항제2호 관련)

[별표 10] 시험대행기관의 지정취소 및 업무정지의 세부 기준(제18조제1항 관련)

[별표 11] 운항방법 및 기구의 속도 등에 관한 준수사항(제20조제1항 관련)

[별표 12] 인명구조요원 및 래프팅가이드 교육기관의 지정기준(제26조제1항 관련)

[별표 13] 과징금의 부과기준(제34조 관련)

[별표 14] 과태료의 부과기준(제39조 관련)

수상레저안전법 시행규칙

[시행 2024. 1. 26.] [해양수산부령 제651호, 2024. 2. 5., 타법개정]

제1장 총칙
- 제1조(목적)
- 제2조(수상레저안전관리 시행계획의 수립 등)

제2장 조종면허
- 제3조(외국인에 대한 조종면허의 특례)
- 제4조(조종면허의 결격사유 관련 개인정보의 통보방법)
- 제5조(면허시험의 공고)
- 제6조(면허시험 응시원서의 제출 및 접수 등)
- 제7조(실기시험의 채점기준 등)
- 제8조(면허시험 면제교육기관의 지정신청 등)
- 제9조(면허시험 면제교육기관의 교육 운영)
- 제10조(면허시험 면제교육기관 종사자의 준수사항 등)
- 제11조(면허시험 면제교육기관의 행정처분 통보)
- 제12조(면허증의 사전 갱신 · 갱신 연기 신청서)
- 제13조(수상안전교육의 실시)
- 제14조(안전교육 위탁기관의 지정신청 등)
- 제15조(안전교육 위탁기관의 행정처분 통보)
- 제16조(면허증의 발급 등)
- 제17조(면허 증명서의 발급)
- 제18조(조종면허의 취소 및 효력정지의 기준 등)
- 제19조(동력수상레저기구를 사용한 범죄의 종류)
- 제20조(시험대행기관의 지정신청 등)
- 제21조(시험대행기관의 행정처분 통보)
- 제22조(종사자에 대한 교육)

제3장 안전준수의무
- 제23조(안전장비의 착용)
- 제24조(운항구역 준수의 예외 등)
- 제25조(기상에 따른 수상레저활동 제한의 예외)
- 제26조(원거리 수상레저활동의 신고)

제27조(사고의 신고)
제28조(무면허조종이 허용되는 경우)
제29조(야간 운항장비)
제30조(야간 수상레저활동시간의 조정)
제4장 안전관리
제31조(수상레저종합정보시스템의 운영 및 이용)
제5장 수상레저사업
제32조(수상레저사업의 등록신청 등)
제33조(수상레저사업의 변경등록)
제34조(수상레저사업 등록의 갱신)
제35조(휴업 등의 신고)
제36조(이용요금의 신고)
제37조(정비 및 원상복구의 명령)
제38조(등록 대상이 아닌 수상레저기구 운영 사업자 등의 준수 사항)
제39조(수상레저사업의 등록취소 등의 기준)
제6장 보칙
제40조(수수료)
제41조(수수료의 반환기준)
제42조(규제의 재검토)

**개정 예정 법률 밑줄 별도 표시.

수상레저안전법 시행규칙

[시행 2024. 1. 26.] [해양수산부령 제651호, 2024. 2. 5., 타법개정]

제1장 총칙

제1조(목적) 이 규칙은 「수상레저안전법」 및 같은 법 시행령에서 위임된 사항과 그 시행에 필요한 사항을 규정함을 목적으로 한다.

제2조(수상레저안전관리 시행계획의 수립 등) ① 특별시장·광역시장·특별자치시장·도지사·특별자치도지사(이하 "시·도지사"라 한다) 또는 해양경찰서장은 「수상레저안전법」(이하 "법"이라 한다) 제4조제4항에 따라 수상레저안전관리 시행계획(이하 "시행계획"이라 한다)을 수립하여 매년 2월 말일까지 해양경찰청장에게 제출해야 한다.

② 시행계획에는 다음 각 호의 사항이 포함되어야 한다.

1. 전년도 시행계획의 추진성과

2. 해당 연도 수상레저 안전관리 정책의 추진방향 및 세부 추진계획

3. 그 밖에 수상레저 안전관리에 필요한 사항

③ 해양경찰청장은 시·도지사 또는 해양경찰서장에게 제1항에 따라 제출받은 시행계획의 수정·보완 또는 조정을 요청할 수 있다.

제2장 조종면허

제3조(외국인에 대한 조종면허의 특례) 법 제6조제1항에 따라 외국인이 국내에서 개최되는 국제경기대회에서 수상레저기구를 조종하는 경우에는 다음 각 호의 기준에 따라야 한다.

1. 수상레저기구의 종류: 「수상레저안전법 시행령」(이하 "영"이라 한다) 제2조제1항에 따른 수상레저기구

2. 조종기간: 국제경기대회 개최일 10일 전부터 국제경기대회 종료 후 10일까지

3. 조종지역: 국내 수역

4. 국제경기대회의 종류 및 규모: 2개국 이상이 참여하는 국제경기대회

제4조(조종면허의 결격사유 관련 개인정보의 통보방법) 영 제6조제1항 각 호에 해당하는 사람은 같은 조 제3항에 따라 별지 제1호서식의 조종면허 결격사유 통보대장에 조종면허의 결격사유와 관련된 개인정보를 기록하여 해양경찰청장에게 통보해야 한다. 이 경우 전자적 형태로 보유·관리하는 개인정보는 파일을 복제하여 전자우편으로 통보할 수 있다.

제5조(면허시험의 공고) 해양경찰청장은 영 제7조제1항에 따라 법 제8조제1항에 따른 면허시험(이하 "면허시험"이라 한다)을 실시하려는 경우에는 다음 각 호의 사항을 관보 또는 일간신문에 싣거나 법 제36조에 따른 수상레저종합정보시스템(이하 "수상레저종합정보시스템"이라 한다), 지방해양경찰청 및 해양경찰서의 게시판에 게시해야 한다.

1. 면허시험의 일시 및 장소

2. 면허시험 과목

3. 응시자격

4. 제출 서류 및 제출 기한

5. 그 밖에 면허시험 실시를 위하여 필요한 사항

제6조(면허시험 응시원서의 제출 및 접수 등) ① 영 제7조제2항에 따라 면허시험에 응시하려는 사람은 별지 제2호서식의 동력수상레저기구 조종면허시험 응시원서에 다음 각 호의 서류를 첨부하여 해양경찰청장에게 제출해야 한다.

1. 사진(최근 6개월 이내에 모자 등을 쓰지 않고 정면 상반신을 촬영한 가로 3.5센티미터, 세로 4.5센티미터인 것으로 한다) 1장

2. 다음 각 목의 구분에 따른 서류

가. 14세 미만(제1급 조종면허의 경우 18세 미만)인 사람: 법 제9조제1항제1호에 해당함을 증명하는 서류

나. 면허시험 면제 대상인 사람: 법 제9조제1항 및 영 제10조에 해당함을 증명하는 서류

② 제1항에 따른 응시원서를 제출받은 해양경찰청장은 「전자정부법」 제36조제1항에 따른 행정정보의 공동이용을 통하여 외국인등록사실증명 또는 국내거소신고사실증명(응시자가 외국인이거나 외국국적동포인 경우만 해당한다)을 확인해야 한다. 다만, 응시자가 확인에 동의하지 않는 경우에는 해당 서류를 제출하도록 해야 한다.

③ 해양경찰청장은 제1항에 따른 응시원서를 제출받은 경우에는 그 사실을 별지 제3호서식의 동력수상레저기구 조종면허시험 응시

원서 접수대장에 기록하고, 별지 제4호서식의 응시표를 해당 응시자에게 발급해야 한다.

④ 제3항에 따른 응시표의 유효기간은 해당 응시원서의 접수일부터 1년까지로 하며, 면허시험의 필기시험에 합격한 경우에는 그 필기시험 합격일부터 1년까지로 한다.

제7조(실기시험의 채점기준 등) ① 영 제9조제3항에 따른 실기시험의 채점기준과 운항코스는 별표 1과 같다.

② 해양경찰청장은 제1항에 따라 실기시험을 실시할 때 실기시험용 동력수상레저기구 1대에 2명의 시험관을 탑승시켜야 한다.

③ 제1항에 따른 실기시험의 채점은 제2항에 따라 탑승한 시험관이 별지 제5호서식의 실기시험 채점표에 직접 기록하는 방식으로 한다.

④ 해양경찰청장은 면허시험을 실시한 경우에는 별지 제6호서식의 면허시험 시험성적표를 작성하고 관리해야 한다.

제8조(면허시험 면제교육기관의 지정신청 등) ① 영 제11조제2항에 따라 같은 조 제1항에 따른 면허시험 면제교육기관(이하 "면허시험 면제교육기관"이라 한다)으로 지정받으려는 자는 별지 제7호서식의 면허시험 면제교육기관 지정신청서에 다음 각 호의 서류를 첨부하여 해양경찰청장에게 제출해야 한다.

1. 영 제11조제1항제2호 및 별표 5에 따른 인적기준 · 장비기준 및 시설기준을 갖추었음을 증명하는 서류와 시설기준에 관한 도면

2. 영 제11조제4항에 따른 교육 실시계획이 포함된 사업계획서

3. 「공유수면 관리 및 매립에 관한 법률」 제2조제1호에 따른 공

유수면 또는 같은 법 제3조제1항 각 호의 어느 하나에 해당하는 공유수면(이하 "공유수면등"이라 한다)의 점용 또는 사용 등에 관한 허가서 사본

4. 정관(법인인 경우만 해당한다. 이하 같다)

② 제1항에 따른 신청을 받은 해양경찰청장은 「전자정부법」 제36조제1항에 따른 행정정보의 공동이용을 통하여 법인 등기사항증명서 또는 사업자등록증명을 확인해야 한다. 다만, 신청인이 사업자등록증명의 확인에 동의하지 않는 경우에는 해당 서류를 첨부하도록 해야 한다.

③ 해양경찰청장은 제1항에 따라 면허시험 면제교육기관 지정신청서를 제출한 기관이나 단체가 영 제11조제1항에 따른 지정기준에 적합하다고 인정될 때에는 면허시험 면제교육기관으로 지정하고, 별지 제8호서식의 면허시험 면제교육기관 지정서를 발급해야 한다.

④ 해양경찰청장은 제3항에 따라 지정한 면허시험 면제교육기관에 별표 2에 따라 제작된 면허시험 면제교육기관 표지판을 해당 교육기관 안의 보기 쉬운 곳에 게시하도록 할 수 있다.

제9조(면허시험 면제교육기관의 교육 운영) ① 법 제9조제3항 및 영 제11조제4항에 따라 면허시험 면제교육기관이 운영해야 하는 교육과목별 교육내용, 교육시간 및 교육방법은 별표 3과 같다.

② 면허시험 면제교육기관은 해양경찰청장이 감수한 교재를 사용하여 제1항에 따른 교육을 실시해야 한다.

제10조(면허시험 면제교육기관 종사자의 준수사항 등) 법 제9조제5항에 따른 면허시험 면제교육기관 종사자의 준수사항 및 면허시험

면제자에 대한 동력수상레저기구 조종면허증(이하 “면허증”이라 한다)의 발급절차는 별표 4와 같다.

제11조(면허시험 면제교육기관의 행정처분 통보) 법 제10조제1항 및 영 제12조제1항에 따른 면허시험 면제교육기관의 지정취소 및 업무정지 처분의 통지는 별지 제9호서식의 통지서로 한다.

제12조(면허증의 사전 갱신·갱신 연기 신청서) 영 제13조제2항 각 호 외의 부분에 따른 면허증의 사전 갱신·갱신 연기 신청서는 별지 제10호서식과 같다.

제13조(수상안전교육의 실시) ① 법 제13조제1항에 따른 수상안전교육의 과목 및 내용 등은 별표 5와 같다.

② 법 제13조제2항에 따른 안전교육 위탁기관(이하 “안전교육 위탁기관”이라 한다)은 해양경찰청장이 감수한 교재를 사용하여 수상안전교육을 실시해야 한다.

③ 안전교육 위탁기관은 수상안전교육을 이수한 사람에게 별지 제11호서식의 수상안전교육 수료증을 발급해야 한다.

제14조(안전교육 위탁기관의 지정신청 등) ① 영 제15조제2항에 따라 안전교육 위탁기관으로 지정받으려는 자는 별지 제12호서식의 안전교육 위탁기관 지정신청서에 다음 각 호의 서류를 첨부하여 해양경찰청장에게 제출해야 한다.

1. 영 제15조제1항제3호 및 별표 7에 따른 인적기준·시설기준 및 장비기준을 갖추었음을 증명하는 서류와 시설기준에 관한 도면

2. 별표 5의 교육내용이 포함된 교육 실시계획서

3. 정관

② 제1항에 따른 신청을 받은 해양경찰청장은 「전자정부법」 제36조제1항에 따른 행정정보의 공동이용을 통하여 법인 등기사항증명서 또는 사업자등록증명을 확인해야 한다. 다만, 신청인이 사업자등록증명의 확인에 동의하지 않는 경우에는 해당 서류를 첨부하도록 해야 한다.

③ 해양경찰청장은 제1항에 따라 안전교육 위탁기관 지정신청서를 제출한 기관이나 단체가 영 제15조제1항에 따른 지정기준에 적합하다고 인정될 때에는 안전교육 위탁기관으로 지정하고, 별지 제8호서식의 안전교육 위탁기관 지정서를 발급해야 한다.

④ 해양경찰청장은 제3항에 따라 지정한 안전교육 위탁기관에 별표 2에 따라 제작된 안전교육 위탁기관 표지판을 해당 기관 안의 보기 쉬운 곳에 게시하도록 할 수 있다.

제15조(안전교육 위탁기관의 행정처분 통보) 법 제14조제1항 및 영 제16조제1항에 따른 안전교육 위탁기관의 지정취소 및 업무정지 처분의 통지는 별지 제9호서식의 통지서로 한다.

제16조(면허증의 발급 등) ① 법 제15조제1항제2호에 따라 면허증을 갱신하려는 사람 또는 법 제15조제3항에 따라 면허증을 다시 발급받으려는 사람은 별지 제13호서식의 동력수상레저기구 조종면허증 갱신·재발급신청서에 다음 각 호의 서류를 첨부하여 관할 해양경찰서장에게 제출해야 한다.

1. 면허증(면허증을 분실한 경우는 제외한다)

2. 사진(최근 6개월 이내에 모자 등을 쓰지 않고 정면 상반신을 촬영한 가로 3.5센티미터, 세로 4.5센티미터인 것으로 한다) 1장

3. 수상안전교육 수료증(면허증을 갱신하는 경우만 해당한다)

② 해양경찰서장은 법 제15조제1항 및 제3항에 따라 다음 각 호의 구분에 따른 날부터 14일 이내에 별지 제14호서식의 동력수상레저기구 조종면허증을 발급해야 한다.

1. 법 제15조제1항제1호에 해당하는 경우: 면허시험에 합격한 날

2. 법 제15조제1항제2호에 해당하는 경우: 제1항에 따라 면허증의 갱신을 신청한 날

3. 법 제15조제3항에 따라 면허증을 다시 발급하려는 경우: 제1항에 따라 면허증의 재발급을 신청한 날

③ 해양경찰서장은 제2항에 따라 면허증을 발급했을 때에는 다음 각 호의 구분에 따른 대장에 해당 면허증 발급 사실을 기록하고 관리해야 한다.

1. 제2항제1호에 따른 면허증의 발급: 별지 제15호서식의 동력수상레저기구 조종면허 관리대장

2. 제2항제2호 및 제3호에 따른 면허증의 갱신·재발급: 별지 제16호서식의 동력수상레저기구 조종면허증 갱신·재발급 발급대장

제17조(면허 증명서의 발급) ① 해양경찰청장은 면허증을 발급받은 사람이 해당 면허증의 발급 사실을 증명하는 서류의 발급을 신청하는 경우에는 국문 또는 영문으로 해당 증명서를 발급할 수 있다.

② 제1항에 따른 면허 증명서를 발급받으려는 사람은 별지 제17호서식의 동력수상레저기구 조종면허 증명 신청서를 해양경찰청장에게 제출해야 한다.

③ 제2항에 따른 신청을 받은 해양경찰청장은 그 신청 내용과 면

허증 발급 여부를 확인한 후 별지 제18호서식의 동력수상레저기구 조종면허 증명서를 신청인에게 발급해야 한다.

제18조(조종면허의 취소 및 효력정지의 기준 등) ① 법 제17조제1항에 따른 조종면허의 취소 및 효력정지의 세부 기준은 별표 6과 같다.

② 해양경찰서장은 법 제17조제1항에 따라 조종면허의 취소 또는 효력정지 처분을 통지할 때에는 별지 제19호서식의 동력수상레저기구 조종면허 취소·정지·경고처분 통지서로 한다. 다만, 면허증 소지자의 주소·거소 또는 그 밖에 통지할 장소를 통상적인 방법으로 확인할 수 없거나 통지서를 송달할 수 없는 경우에는 면허시험 응시원서에 기재된 주소지를 관할하는 해양경찰서의 게시판 또는 인터넷 홈페이지나 수상레저종합정보시스템에 14일간 공고함으로써 그 통지를 대신할 수 있다.

제19조(동력수상레저기구를 사용한 범죄의 종류) 법 제17조제1항제3호에서 "동력수상레저기구를 사용하여 살인 또는 강도 등 해양수산부령으로 정하는 범죄행위"란 다음 각 호의 어느 하나에 해당하는 범죄행위를 말한다.

1. 「국가보안법」 제4조부터 제9조까지 및 제12조제1항을 위반한 범죄행위

2. 「형법」 등을 위반한 다음 각 목의 범죄행위

가. 살인·사체유기 또는 방화

나. 강도·강간 또는 강제추행

다. 약취·유인 또는 감금

라. 상습절도(절취한 물건을 운반한 경우로 한정한다)

제20조(시험대행기관의 지정신청 등) ① 영 제17조제2항에 따라 같은 조 제1항에 따른 시험대행기관(이하 "시험대행기관"이라 한다)으로 지정받으려는 자는 별지 제20호서식의 시험대행기관 지정신청서에 다음 각 호의 서류를 첨부하여 해양경찰청장에게 제출해야 한다.

1. 영 제17조제1항제2호 및 별표 9에 따른 인적기준·장비기준 및 시설기준을 갖추었음을 증명하는 서류와 시설기준에 관한 도면

2. 사업계획서

3. 공유수면등의 점용 또는 사용 등에 관한 허가서 사본

4. 정관

② 제1항에 따른 신청을 받은 해양경찰청장은 「전자정부법」 제36조제1항에 따른 행정정보의 공동이용을 통하여 법인 등기사항증명서 또는 사업자등록증명을 확인해야 한다. 다만, 신청인이 사업자등록증명의 확인에 동의하지 않는 경우에는 해당 서류를 첨부하도록 해야 한다.

③ 해양경찰청장은 제1항에 따라 시험대행기관 지정신청서를 제출한 기관이나 단체가 영 제17조제1항에 따른 지정기준에 적합하다고 인정될 때에는 시험대행기관으로 지정하고, 별지 제8호서식의 시험대행기관 지정서를 발급해야 한다.

④ 해양경찰청장은 제3항에 따라 지정한 시험대행기관에 별표 2에 따라 제작된 시험대행기관 표지판을 해당 기관 안의 보기 쉬운 곳에 게시하도록 할 수 있다.

제21조(시험대행기관의 행정처분 통보) 법 제18조제2항 및 영 제18

조제1항에 따른 시험대행기관의 지정취소 및 업무정지 처분의 통지는 별지 제9호서식의 통지서로 한다.

제22조(종사자에 대한 교육) ① 법 제19조제1항에 따라 해양경찰청장이 실시하는 교육을 받아야 하는 사람은 다음 각 호와 같다.

1. 면허시험 면제교육기관의 강사(강사 업무를 수행하는 책임운영자를 포함한다)

2. 안전교육 위탁기관의 강사

3. 시험대행기관의 시험관(시험관 업무를 수행하는 책임운영자를 포함한다)

② 제1항에 따른 교육은 교육대상자별로 다음 각 호의 구분에 따라 실시한다.

1. 정기교육: 매년 1회 정기적으로 다음 각 목의 구분에 따라 실시하는 교육

가. 제1항제1호 및 제3호에 해당하는 교육대상자: 21시간 이상

나. 제1항제2호에 해당하는 교육대상자: 8시간 이상

2. 수시교육: 제1호 외의 교육으로서 해양경찰장이 필요하다고 인정하는 경우에 제1항 각 호의 교육대상자에게 실시하는 8시간 이하의 교육

③ 해양경찰청장은 제2항제1호에 따른 정기교육을 받은 사람을 대상으로 이수시험을 실시하고, 100점 만점을 기준으로 60점 이상을 받은 사람을 정기교육 이수자로 인정한다.

④ 제2항에 따른 정기교육 및 수시교육의 운영 등에 필요한 세부사항은 해양경찰청장이 정하여 고시한다.

제3장 안전준수의무

제23조(안전장비의 착용) ① 수상레저활동을 하는 사람은 법 제20조에 따라 관할 해양경찰서장 또는 특별자치시장·제주특별자치도지사·시장·군수 및 구청장(구청장은 자치구의 구청장을, 서울특별시의 관할구역에 있는 한강의 경우에는 서울특별시의 한강 관리에 관한 업무를 관장하는 기관의 장을 말하며, 이하 "시장·군수·구청장"이라 한다)이 안전장비에 관하여 특별한 지시를 하지 않는 경우에는 구명조끼[영 제2조제2항제8호 및 제16호에 따른 서프보드 또는 패들보드를 사용하여 수상레저활동을 하는 경우에는 보드 리쉬(board leash: 서프보드 또는 패들보드와 발목을 연결하여 주는 장비)를 말한다]를 착용해야 하며, 영 제2조제2항제6호에 따른 워터슬레이드를 사용하여 수상레저활동 또는 래프팅을 할 때에는 구명조끼와 함께 안전모를 착용해야 한다.

② 관할 해양경찰서장 또는 시장·군수·구청장은 수상레저활동의 형태, 수상레저기구의 종류 및 날씨 등을 고려하여 수상레저활동을 하는 사람이 착용해야 하는 구명조끼·구명복 또는 안전모 등의 인명안전장비의 종류를 특정하여 착용 등의 지시를 할 수 있다.

③ 관할 해양경찰서장 또는 시장·군수·구청장은 제2항에 따라 수상레저활동을 하는 사람이 착용해야 하는 인명안전장비의 종류를 특별히 정하여 지시할 때에는 사람이 보기 쉬운 장소에 그 내용을 게시해야 한다.

제24조(운항구역 준수의 예외 등) ① 영 제20조제2항제1호에서 "해양수산부령으로 정하는 기관(機關)"이란 다음 각 호의 기관을 말한

다. 다만, 「낚시 관리 및 육성법」 제2조제7호에 따른 낚시어선으로 쓰였던 어선의 기관은 제외한다.

1. 「수산업법」 제27조제1항 또는 「양식산업발전법」 제41조제1항에 따라 관리선으로 지정받은 어선에 사용되었던 기관

2. 「수산업법」 제27조제3항 또는 「양식산업발전법」 제41조제3항에 따라 관리선으로 승인받은 어선에 사용되었던 기관

3. 「수산업법」 제40조제3항에 따른 구획어업 허가를 받은 어선에 사용되었던 기관

② 영 제20조제2항제2호에 따른 운항신고서는 별지 제21호서식과 같다.

제25조(기상에 따른 수상레저활동 제한의 예외) 영 제21조에 따른 기상특보활동신고서는 별지 제22호서식과 같다.

제26조(원거리 수상레저활동의 신고) ① 법 제23조제1항 본문에 따라 원거리 수상레저활동을 하려는 사람은 별지 제23호서식의 원거리 수상레저활동 신고서를 해양경찰관서나 경찰관서에 제출(팩스나 정보통신망을 이용한 전자문서의 제출을 포함한다)해야 한다.

② 법 제23조제2항 단서에서 "안전관리 선박의 동행, 선단의 구성 등 해양수산부령으로 정하는 경우"란 다음 각 호의 어느 하나에 해당하는 경우를 말한다.

1. 「수상레저기구의 등록 및 검사에 관한 법률 시행령」 제2조제1호가목에 따른 연해구역, 근해구역 또는 원양구역을 운항구역으로 하는 동력수상레저기구와 500미터 이내의 거리에서 동행하여 수상레저활동을 하는 경우

2. 위치를 확인할 수 있는 통신기기를 갖춘 수상레저기구 2대 이상으로 선단(船團)을 구성하여 선단 내의 수상레저기구 간에 500미터(무동력수상레저기구 간에는 200미터를 말한다) 이내의 거리를 유지하며 수상레저활동을 하는 경우

제27조(사고의 신고) 법 제24조제1항에 따라 사고를 신고하려는 사람은 다음 각 호의 사항을 전화·팩스 또는 휴대전화 문자메시지 등의 방법으로 신고해야 한다.

1. 사고 발생 일시 및 장소
2. 사고가 발생한 수상레저기구의 종류
3. 사고자 및 조종자의 인적사항
4. 피해상황 및 조치사항

제28조(무면허조종이 허용되는 경우) ① 법 제25조제1호에서 "해양수산부령으로 정하는 경우"란 다음 각 호의 모두에 해당하는 경우를 말한다.

1. 제1급 동력수상레저기구 조종면허를 가진 사람이 동시에 감독하는 수상레저기구가 3대 이하인 경우

2. 해당 수상레저기구가 다른 수상레저기구를 견인하고 있지 않은 경우

3. 다음 각 목의 어느 하나에 해당하는 경우

가. 면허시험을 위하여 수상레저기구를 조종하는 경우

나. 법 제37조제1항에 따른 수상레저사업을 등록한 자(이하 "수상레저사업자"라 한다)의 사업장 안에서 탑승 정원이 4명 이하인 수상레저기구를 조종하는 경우(수상레저사업자 또는 그 종사자가 이

용객을 탑승시켜 조종하는 경우는 제외한다)

다. 「고등교육법」 제2조에 따른 학교 또는 「초·중등교육법」 제2조에 따른 학교에서 실시하는 교육·훈련을 위하여 수상레저기구를 조종하는 경우

라. 수상레저활동 관련 단체로서 해양경찰청장이 정하여 고시하는 단체가 실시하는 비영리목적의 교육·훈련을 위하여 수상레저기구를 조종하는 경우

② 법 제25조제2호에서 "해양수산부령으로 정하는 경우"란 제1급 동력수상레저기구 조종면허 또는 요트조종면허를 가진 사람과 함께 탑승하여 조종하는 경우를 말한다. 다만, 면허를 가진 사람이 법 제27조 또는 제28조를 위반하여 술에 취한 상태나 약물복용 상태에서 탑승하는 경우는 제외한다.

제29조(야간 운항장비) ① 법 제26조제1항 단서에 따라 야간 수상레저활동을 하려는 사람이 갖춰야 하는 운항장비는 다음 각 호와 같으며, 그 세부 기준은 별표 7과 같다.

1. 항해등
2. 전등
3. 야간 조난신호장비
4. 등(燈)이 부착된 구명조끼
5. 통신기기
6. 구명부환
7. 소화기
8. 자기점화등

9. 나침반

10. 위성항법장치

② 제1항에도 불구하고 수상레저활동을 하려는 구역이 내수면인 경우 관할 시장·군수·구청장이 수면의 넓이, 물의 깊이, 유속(流速) 등을 고려하여 야간 운항을 하는 데에 위험성이 없다고 인정할 때에는 제1항제6호부터 제10호까지에 해당하는 운항장비 중 일부를 갖추지 않게 할 수 있다.

③ 시장·군수·구청장은 제2항에 따라 야간 운항장비의 일부를 갖추지 않게 한 경우에는 수상레저활동을 하는 사람이 보기 쉬운 장소에 그 내용을 게시해야 한다.

제30조(야간 수상레저활동시간의 조정) 해양경찰서장이나 시장·군수·구청장은 법 제26조제2항에 따라 해가 진 후 30분부터 24시까지의 범위에서 야간 수상레저활동의 시간을 조정해야 한다.

제4장 안전관리

제31조(수상레저종합정보시스템의 운영 및 이용) 해양경찰청장은 법 제36조제2항에 따라 수상레저종합정보시스템을 이용하여 다음 각 호의 업무를 처리할 수 있다.

1. 법 제5조에 따른 조종면허에 관한 업무

2. 법 제17조에 따른 조종면허의 취소 및 효력 정지에 관한 업무

3. 법 제19조에 따른 면허시험 면제교육기관·안전교육 위탁기관 또는 시험대행기관의 종사자 교육에 관한 업무

4. 법 제22조부터 제24조까지의 규정에 따른 수상레저활동에 관

한 신고 및 관리에 관한 업무

5. 「수상레저기구의 등록 및 검사에 관한 법률」(이하 "수상레저기구등록법"이라 한다) 제2장에 따른 동력수상레저기구의 등록 현황 관리에 관한 업무

6. 수상레저기구등록법 제15조 및 제16조에 따른 동력수상레저기구의 안전검사, 안전검사증 및 안전검사필증의 발급 및 재발급에 관한 업무

7. 수상레저기구등록법 제20조제1항에 따른 안전검사원의 교육에 관한 업무

8. 그 밖에 해양경찰청장이 제1호부터 제7호까지의 규정에 따른 업무를 효율적으로 집행하기 위하여 필요하다고 인정하는 업무

제5장 수상레저사업

제32조(수상레저사업의 등록신청 등) ① 법 제37조제1항에 따라 수상레저기구를 빌려 주는 사업 또는 수상레저활동을 하는 사람을 수상레저기구에 태우는 사업(이하 "수상레저사업"이라 한다)을 경영하려는 자는 별표 8에 따른 등록기준을 갖춰야 한다.

② 수상레저사업을 경영하려는 자는 별지 제24호서식의 수상레저사업 등록 신청서에 다음 각 호의 서류를 첨부하여 관할 해양경찰서장 또는 시장·군수·구청장에게 제출해야 한다.

1. 별표 8 제1호가목에 따른 영업구역에 관한 도면

2. 별표 8 제1호나목에 따른 시설기준 명세서

3. 별표 8 제1호다목에 따른 수상레저사업자와 종사자의 명단 및

해당 면허증 사본(면허증 사본의 경우 수상레저종합정보시스템으로 확인이 가능한 경우는 제외한다)

4. 별표 8 제1호라목 및 마목에 따른 수상레저기구 및 인명구조용 장비 명세서

5. 별표 8 제1호사목에 따른 인명구조요원 또는 래프팅가이드의 명단과 해당 자격증 사본

6. 공유수면등의 점용 또는 사용 등에 관한 허가서 사본

③ 제2항에도 불구하고 육상에서 보관하는 영 제2조제2항제8호ㆍ제11호ㆍ제13호 또는 제16호에 따른 서프보드ㆍ윈드서핑ㆍ카이트보드 또는 패들보드를 수상레저활동을 하는 사람에게 빌려주는 수상레저사업(빌린 사람이 빌린 수상레저기구를 직접 가져가거나 이동시키는 경우로 한정한다)을 경영하려는 자는 별지 제24호서식의 수상레저사업 등록 신청서에 다음 각 호의 서류를 첨부하여 관할 해양경찰서장 또는 시장ㆍ군수ㆍ구청장에게 제출해야 한다.

1. 별표 8 제2호가목에 따른 시설기준 명세서

2. 별표 8 제2호나목에 따른 수상레저기구 명세서

④ 제2항 또는 제3항에 따른 신청을 받은 해양경찰서장 또는 시장ㆍ군수ㆍ구청장은 「전자정부법」 제36조제1항에 따른 행정정보의 공동이용을 통하여 다음 각 호의 서류를 확인해야 한다. 다만, 신청인이 제2호부터 제4호까지의 서류 확인에 동의하지 않는 경우에는 해당 서류를 첨부하도록 해야 한다.

1. 법인 등기사항증명서

2. 사업자등록증명

3. 주민등록표 초본

4. 외국인등록사실증명 또는 국내거소신고사실증명

⑤ 해양경찰서장 또는 시장 · 군수 · 구청장은 제2항 및 제3항에 따른 등록신청을 받으면 다음 각 호의 어느 하나에 해당하는 경우를 제외하고는 등록을 해주어야 한다.

1. 제1항 및 별표 8에 따른 등록기준에 맞지 않는 경우

2. 법 제39조에 따른 결격사유에 해당하는 경우

3. 그 밖에 법, 영 또는 다른 법령에 따른 제한에 위반되는 경우

⑥ 해양경찰서장 또는 시장 · 군수 · 구청장은 제5항에 따라 수상레저사업을 등록한 자에게 별지 제25호서식의 수상레저사업 등록증을 발급해야 한다.

⑦ 해양경찰서장 또는 시장 · 군수 · 구청장은 법 제37조제1항 각 호 외의 부분 후단에 따라 해당 사업장과 영업구역의 물의 깊이, 유속, 운항거리 및 영업형태 등을 고려할 때 위험방지에 지장이 없다고 인정하는 경우에는 별표 8에서 정하는 수상레저사업의 등록기준의 일부를 완화하여 적용할 수 있다.

제33조(수상레저사업의 변경등록) ① 법 제37조제2항에 따라 등록사항 중 변경사항이 있어 변경등록을 하려는 자는 별지 제26호서식의 수상레저사업 변경등록 신청서에 다음 각 호의 서류를 첨부하여 해양경찰서장 또는 시장 · 군수 · 구청장에게 제출해야 한다.

1. 수상레저사업 등록증

2. 변경내용을 증명하는 서류

② 제2항에 따른 신청을 받은 해양경찰서장 또는 시장 · 군수 · 구

청장은 「전자정부법」 제36조제1항에 따른 행정정보의 공동이용을 통하여 다음 각 호의 서류를 확인해야 한다. 다만, 신청인이 제2호부터 제4호까지의 서류 확인에 동의하지 않는 경우에는 해당 서류를 첨부하도록 해야 한다.

1. 법인 등기사항증명서
2. 사업자등록증명
3. 주민등록표 초본
4. 외국인등록사실증명 또는 국내거소신고사실증명

③ 해양경찰서장 또는 시장·군수·구청장은 제1항에 따른 변경등록 신청이 적합하다고 인정되는 경우에는 그 변경사항을 반영하여 수상레저사업 등록증을 새로 발급하거나 제1항에 따라 제출된 등록증에 그 변경사항을 적어 발급해야 한다.

제34조(수상레저사업 등록의 갱신) ① 해양경찰서장 또는 시장·군수·구청장은 법 제38조제1항에 따른 수상레저사업 등록의 유효기간이 끝나는 날의 1개월 전까지 수상레저사업을 등록한 자에게 수상레저사업 등록의 갱신절차와 갱신신청 기간을 미리 알려야 한다.

② 법 제38조제2항에 따라 수상레저사업의 등록을 갱신하려는 자는 해당 수상레저사업 등록의 유효기간이 끝나는 날의 5일 전까지 별지 제24호서식의 수상레저사업 등록갱신 신청서에 다음 각 호의 서류를 첨부하여 관할 해양경찰서장 또는 시장·군수·구청장에게 제출해야 한다.

1. 수상레저사업 등록증
2. 수상레저사업 등록 신청 시 제출한 제32조제2항 또는 제3항

각 호의 서류에 변경 사항이 있을 경우 변경된 서류

③ 해양경찰서장 또는 시장 · 군수 · 구청장은 제2항에 따른 등록갱신 신청이 적합하다고 인정될 때에는 수상레저사업의 등록을 갱신하고, 신청인에게 수상레저사업 등록증을 다시 발급해야 한다.

제35조(휴업 등의 신고) ① 법 제41조제1항에 따라 수상레저사업의 휴업 또는 폐업 신고를 하려는 자는 별지 제27호서식의 수상레저사업 휴업 · 폐업 신고서에 수상레저사업 등록증 원본을 첨부하여 휴업 또는 폐업하기 3일 전까지 해양경찰서장 또는 시장 · 군수 · 구청장에게 제출해야 한다. 다만, 재해나 그 밖의 부득이한 사유로 본문에 따른 기간 내에 제출할 수 없는 경우에는 휴업 또는 폐업하는 날까지 제출할 수 있다.

② 제1항에 따라 폐업 신고를 하려는 자가 「부가가치세법」 제8조제8항에 따른 폐업신고를 같이 하려는 경우에는 제1항에 따른 폐업신고서에 「부가가치세법 시행규칙」 별지 제9호서식의 폐업신고서를 함께 제출하거나 「민원 처리에 관한 법률 시행령」 제12조제10항에 따른 통합 폐업신고서를 제출해야 한다. 이 경우 해양경찰서장 또는 시장 · 군수 · 구청장은 함께 제출받은 폐업신고서 또는 통합 폐업신고서를 지체 없이 관할 세무서장에게 송부(정보통신망을 이용한 송부를 포함한다. 이하 이 조에서 같다)해야 한다.

③ 관할 세무서장이 「부가가치세법 시행령」 제13조제5항에 따라 제1항에 따른 폐업신고를 받아 이를 해양경찰서장 또는 시장 · 군수 · 구청장에게 송부한 경우에는 제1항에 따른 폐업 신고서가 제출된 것으로 본다.

④ 수상레저사업자가 법 제41조제2항에 따라 수상레저사업을 다시 개업하려는 경우에는 별지 제28호서식의 수상레저사업 재개업 신고서에 제32조제2항 각 호의 서류를 첨부하여 다시 개업하기 7일 전까지 관할 해양경찰서장 또는 시장·군수·구청장에게 제출해야 한다.

⑤ 제4항에 따른 수상레저사업 재개업 신고의 수리 절차 및 방법에 관하여는 제32조제4항부터 제6항까지의 규정을 각각 준용한다. 이 경우 "신청"은 "신고"로, "등록신청"은 "재개업 신고"로, "등록"은 "재개업 신고 수리"로 본다.

제36조(이용요금의 신고) 법 제42조에 따라 탑승료·대여료 등의 이용요금을 신고하거나 변경신고를 하려는 자는 별지 제29호서식의 이용요금 신고·변경신고서를 해양경찰서장 또는 시장·군수·구청장에게 제출해야 한다.

제37조(정비 및 원상복구의 명령) ① 법 제43조제2항 전단에 따른 안전점검 결과에 대한 정비 또는 원상복구의 명령은 별지 제30호서식의 정비 및 원상복구 명령서로 한다.

② 제1항에 따른 정비 및 원상복구 명령을 받은 수상레저사업자는 별지 제31호서식의 정비 및 원상복구 명령 이행계획서를 해양경찰서장 또는 시장·군수·구청장에게 제출해야 한다.

③ 해양경찰서장 또는 시장·군수·구청장은 법 제43조제2항 후단에 따라 수상레저기구의 사용정지를 명령할 때 별지 제32호서식의 사용정지명령서로 하고, 사용정지 대상인 수상레저기구의 앞면·뒷면·왼쪽면 또는 오른쪽면의 잘 보이는 곳에 별지 제33호서식의

수상레저기구 사용정지표 2개를 붙여야 한다.

④ 제3항에 따른 수상레저기구 사용정지 명령을 받은 수상레저사업자는 수상레저기구 사용정지표를 훼손하거나 그 부착 위치를 변경해서는 안 되며, 법 제43조제2항에 따른 정비 및 원상복구 명령을 이행하기 전까지는 이를 임의로 제거해서는 안 된다.

제38조(등록 대상이 아닌 수상레저기구 운영 사업자 등의 준수사항) 수상레저기구등록법 제6조에 따른 등록 대상 동력수상레저기구가 아닌 수상레저기구를 운영하는 수상레저사업자와 그 종사자는 법 제45조에 따라 별표 9에서 정하는 사항을 준수해야 한다.

제39조(수상레저사업의 등록취소 등의 기준) 법 제48조에 따른 수상레저사업의 등록취소 및 영업정지의 세부 기준은 별표 10과 같다.

제6장 보칙

제40조(수수료) ① 법 제57조제1항에 따른 수수료는 별표 11과 같다.

② 법 제57조제2항에 따라 안전교육 위탁기관 및 시험대행기관이 수수료를 결정하려는 경우에는 이해관계인의 의견을 수렴할 수 있도록 해당 기관의 인터넷 홈페이지에 20일간 그 내용을 게시해야 한다. 다만, 긴급하다고 인정되는 경우에는 해당 기관의 인터넷 홈페이지에 그 사유를 밝히고 10일간 게시할 수 있다.

③ 안전교육 위탁기관 및 시험대행기관은 수수료의 요율 또는 금액을 제2항에 따라 수렴된 의견을 고려하여 실비(實費)의 범위에서 정해야 하며, 수수료의 요율 또는 금액을 결정했을 때에는 해양경찰청장에게 서면으로 승인신청을 해야 한다.

④ 해양경찰청장은 법 제57조제3항에 따라 승인한 수수료를 관보에 고시하고, 안전교육 위탁기관 및 시험대행기관은 그 승인된 내용과 실비 산정명세를 해당 기관의 인터넷 홈페이지에 공개해야 한다.

제41조(수수료의 반환기준) 법 제57조제1항제1호 및 제2호에 따라 면허시험을 응시하거나 수상안전교육을 받기 위하여 납부한 수수료의 반환기준은 다음 각 호의 구분과 같다.

1. 수수료를 과오납(過誤納)한 경우: 과오납한 금액의 전부

2. 해양경찰청 또는 시험대행기관의 귀책사유로 면허시험에 응시하지 못한 경우: 납부한 수수료의 전부

3. 면허시험의 필기시험 시행일 하루 전까지 응시원서 접수를 취소한 경우: 납부한 수수료의 전부

4. 면허시험의 실기시험 시행일 2일 전까지 응시원서 접수를 취소한 경우: 납부한 수수료의 전부

제42조(규제의 재검토) 해양경찰청장은 다음 각 호의 사항에 대하여 다음 각 호의 기준일을 기준으로 3년마다(매 3년이 되는 해의 기준일과 같은 날 전까지를 말한다) 그 타당성을 검토하여 개선 등의 조치를 해야 한다.

1. 제22조에 따른 종사자에 대한 교육: 2023년 1월 1일

2. 제26조제2항에 따른 원거리 수상레저활동의 허용기준: 2022년 1월 1일

3. 제28조에 따른 무면허조종이 허용되는 경우: 2023년 1월 1일

4. 제32조제1항 및 별표 8에 따른 수상레저사업의 등록기준: 2023년 1월 1일

5. 제38조 및 별표 9에 따른 등록 대상이 아닌 수레저기구 운영사업자와 그 종사자의 준수사항: 2022년 1월 1일

6. 제39조 및 별표 10에 따른 수상레저사업의 등록취소 및 영업정지 처분 기준: 2022년 1월 1일

부칙 〈제613호, 2023. 7. 6.〉

제1조(시행일) 이 규칙은 공포한 날부터 시행한다.

제2조(일반적 경과조치) 이 규칙 시행 당시 종전의 「수상레저안전법 시행규칙」에 따라 행한 처분·절차 및 그 밖의 행위는 그에 해당하는 이 규칙의 규정에 따라 행한 것으로 본다.

제3조(면허시험 면제교육기관 등에 대한 행정처분 부과기준에 관한 경과조치) 이 규칙 시행 전의 위반행위에 대하여 면허시험 면제교육기관, 안전교육 위탁기관 및 시험대행기관에 대한 행정처분의 부과기준을 적용할 때에는 종전의 별표 1의3, 별표 1의4 및 별표 4에 따른다.

제4조(수상레저사업 장비 기준 변경에 관한 경과조치) 이 규칙 시행 당시 종전의 「수상레저안전법 시행규칙」 제30조제3항 및 별표 10에 따라 수상레저사업을 등록한 자는 2023년 12월 31일까지 별표 8 제1호바목2)의 개정규정에 따른 규격의 비상구조선 깃발을 갖춰야 한다.

제5조(서식에 관한 경과조치) 이 규칙 시행 당시 종전의 규정에 따른 서식은 이 규칙 시행 이후 6개월간 이 규칙에 따른 서식과 함께 사용할 수 있다.

第6조(종전 부칙의 적용범위에 관한 경과조치) 이 규칙 시행 전의 「수상레저안전법 시행규칙」의 개정에 따른 부칙의 규정은 기간의 경과 등으로 이미 그 효력이 상실된 규정을 제외하고는 이 규칙 시행 이후에도 계속하여 효력을 가진다.

第7조(다른 법령의 개정) ① 낚시 관리 및 육성법 시행규칙 일부를 다음과 같이 개정한다.

제18조의2제2항제1호 중 "「수상레저안전법」 제48조제3항"을 "「수상레저안전법 시행령」 제26조제1항제1호"로 한다.

② 수상에서의 수색·구조 등에 관한 법률 시행규칙 일부를 다음과 같이 개정한다.

별표 4 제3호가목1)(가)·(나) 외의 부분 중 "「수상레저안전법 시행령」 제37조제1항"을 "「수상레저안전법 시행령」 제26조제1항제1호"로 한다.

③ 연안사고 예방에 관한 법률 시행규칙 일부를 다음과 같이 개정한다.

별표 2 제1호나목 중 "「수상레저안전법 시행령」 제37조제1항"을 "「수상레저안전법 시행령」 제26조제1항제1호"로 한다.

별표 4 제2호가목 중 "「수상레저안전법 시행령」 제37조제1항"을 "「수상레저안전법 시행령」 제26조제1항"으로 한다.

④ 해양경찰청 소속 경찰공무원 임용에 관한 규정 시행규칙 일부를 다음과 같이 개정한다.

별표 9 자격증(0.5)의 구분란 중 "「수상레저안전법 시행령」 제37조제1항제1호가목"을 "「수상레저안전법 시행령」 제26조제1항제1호"

로, "「수상레저안전법」 제4조"를 "「수상레저안전법」 제5조"로 한다.
제8조(다른 법령과의 관계) 이 규칙 시행 당시 다른 법령에서 종전의 「수상레저안전법 시행규칙」의 규정을 인용한 경우에는 이 규칙 가운데 그에 해당하는 규정이 있을 때에는 종전의 규정을 갈음하여 이 규칙 또는 이 규칙의 해당 규정을 인용한 것으로 본다.

부칙 〈제651호, 2024. 2. 5.〉 (해사안전기본법 시행규칙)
제1조(시행일) 이 규칙은 2024년 1월 26일부터 시행한다. 〈단서 생략〉
제2조(다른 법령의 개정) ① 수상레저안전법 시행규칙 일부를 다음과 같이 개정한다.
별표 3 제1호가목의 세부 내용란 4) 및 같은 표 제2호가목의 세부 내용란 4)를 각각 다음과 같이 한다.
4) 「해사안전기본법」 및 「해상교통안전법」
②부터 ④까지 생략
제3조 생략

별표 / 서식
[별표 1] 실기시험의 채점기준과 운항코스(제7조제1항 관련)
[별표 2] 면허시험 면제교육기관 · 안전교육 위탁기관 또는 시험대행기관 표지판의 규격(제8조제4항 · 제13조제4항 · 제20조제4항 관련)
[별표 3] 면허시험 면제교육기관의 교육내용 · 교육시간 및 교육방

법(제9조 관련)

[별표 4] 면허시험 면제교육기관 종사자의 준수사항 및 면허증 발급절차(제10조 관련)

[별표 5] 수상안전교육의 과목 및 내용 등(제13조제1항 관련)

[별표 6] 조종면허의 취소 및 효력정지의 세부 기준(제18조제1항 관련)

[별표 7] 야간 운항장비의 세부 기준(제29조제1항 관련)

[별표 8] 수상레저사업의 등록기준(제32조제1항 관련)

[별표 9] 등록 대상이 아닌 수상레저기구 운영 사업자 등의 준수사항(제38조 관련)

[별표 10] 수상레저사업의 등록취소 및 영업정지의 세부 기준(제39조 관련)

[별표 11] 수수료(제40조제1항 관련)

[별지 제1호서식] 조종면허 결격사유 통보대장

[별지 제2호서식] 동력수상레저기구 조종면허시험 응시원서

[별지 제3호서식] 동력수상레저기구 조종면허시험 응시원서 접수대장

[별지 제4호서식] 응시표

[별지 제5호서식] 일반조종면허 실기시험 채점표

[별지 제6호서식] 면허시험 시험성적표

[별지 제7호서식] 면허시험 면제교육기관 지정신청서

[별지 제8호서식] (면허시험 면제교육기관, 안전교육 위탁기관, 시험대행기관)지정서

[별지 제9호서식] (면허시험 면제교육기관, 안전교육 위탁기관, 시

험대행기관)지정취소 · 업무정지 통지서

[별지 제10호서식] 조종면허증(사전 갱신, 갱신 연기)신청서

[별지 제11호서식] 수상안전교육 수료증(일반조종 1급, 일반조종 2급, 요트조종)

[별지 제12호서식] 안전교육 위탁기관 지정신청서

[별지 제13호서식] 동력수상레저기구 조종면허증(갱신, 재발급)신청서

[별지 제14호서식] 동력수상레저기구 조종면허증

[별지 제15호서식] 동력수상레저기구 조종면허 관리대장

[별지 제16호서식] 동력수상레저기구 조종면허증 갱신 · 재발급 발급대장

[별지 제17호서식] 동력수상레저기구 조종면허 증명 신청서

[별지 제18호서식] 동력수상레저기구 조종면허 증명서(Power-driven water leisure craft Operator's Certificate)

[별지 제19호서식] 동력수상레저기구 조종면허(취소, 효력정지, 경고) 처분 통지서

[별지 제20호서식] 시험대행기관 지정신청서

[별지 제21호서식] 운항신고서

[별지 제22호서식] 기상특보활동신고서

[별지 제23호서식] 원거리 수상레저활동 신고서

[별지 제24호서식] 수상레저사업(등록, 등록갱신)신청서

[별지 제25호서식] 수상레저사업 등록증(수상레저기구를 빌려주는 사업, 수상레저기구를 빌려주거나 수상레저기구에 태우는 사업)

[별지 제26호서식] 수상레저사업 변경등록 신청서

[별지 제27호서식] 수상레저사업(휴업, 폐업)신고서

[별지 제28호서식] 수상레저사업 재개업 신고서

[별지 제29호서식] 이용요금(신고서,변경신고서)

[별지 제30호서식] 정비 및 원상복구 명령서

[별지 제31호서식] 정비 및 원상복구 명령 이행계획서

[별지 제32호서식] 수상레저기구 사용정지명령서

[별지 제33호서식] 수상레저기구 사용정지표지

대한민국 법령 시리즈 66

수상레저안전법

법 령 / 시 행 령 / 시 행 규 칙

2025년 1월 23일 인쇄　　정가 15,000원
2025년 2월 3일 발행

편　　저　편집부
디 자 인　송영미
발 행 인　조준형　　http://www.hgbookpub.com
발 행 처　해광출판사　　E-mail : munbookcokr@naver.com
주　　소　부산광역시 중구 해관로 41-1 (중앙동2가)
전화번호　(051) 253-0001　　팩스 (051) 245-1187
등　　록　제 2012-000005호

해광출판사에서는 여러분의 소중한 원고와 함께 할 기회를 기다리고 있습니다. 책으로 엮을 원고나 아이디어가 있으신 분들은 이메일 munbookcokr@naver.com로 책에 대한 간단한 개요와 원고 전체 또는 일부를 연락처와 함께 보내주십시오.

ISBN 979-11-6881-774-6

※ 법령 출처 : 법제처 국가법령정보센터
※ 본 도서는 〈공공데이터 제공 및 이용 활성화에 관한 법률〉을 근거로 출판되었습니다.

해광출판사 대한민국 법령 시리즈

001. 선원법
002. 어선법
003. 선박직원법
004. 해사안전기본법
005. 해양환경관리법
006. 선박의 입항 및 출항등에 관한 법률
007. 학교안전사고예방 및 보상에 관한 법률
008. 종합부동산세법
009. 방위사업법
010. 행정규제기본법
011. 식품산업진흥법
012. 위험물안전관리법
013. 화재의 예방 및 안전관리에 관한 법률
014. 도시가스사업법
015. 실내공기질관리법
016. 지방세법
017. 소득세법
018. 법인세법
019. 도선법
020. 선박안전법
021. 선박법
022. 수산업법
023. 고압가스안전관리법
024. 국민연금법
025. 공동주택관리법
026. 화학물질관리법
027. 어선원 및 어선 재해보상보험법
028. 장기등 이식에 관한 법률
029. 자연재해대책법
030. 공유재산 및 물품 관리법
031. 산업입지 및 개발에 관한 법률
032. 부정경쟁방지 및 영업비밀보호에 관한 법률
033. 금융지주회사법
034. 온실가스 배출권의 할당 및 거래에 관한 법률
035. 건축사법
036. 산림문화휴양에 관한 법률
037. 전기사업법
038. 사립학교법
039. 고등교육법
040. 액화석유가스의 안전관리 및 사업법
041. 선박투자회사법
042. 수산자원관리법
043. 위험물선박운송및저장규칙
044. 선박평형수관리법
045. 주택임대차보호법
046. 상가건물임대차보호법
047. 지방공기업법
048. 승강기안전관리법
049. 수목원·정원의 조성 및 진흥에 관한 법률
050. 민법
051. 치료감호 등에 관한 법률
052. 대부업 등의 등록 및 금융이용자 보호에 관한 법률
053. 사료관리법
054. 무형문화재 보전 및 진흥에 관한 법률
055. 총포·도검·화약류 등의 안전관리에 관한 법률
056. 경찰관직무집행법
057. 시설물의 안전 및 유지관리에 관한 특별법
058. 수산생물질병 관리법
059. 소비자기본법
060. 국제선박등록법
061. 정보통신망 이용촉진 및 정보보호 등에 관한 법률
062. 해운법
063. 농수산물 품질관리법
064. 수산업협동조합법
065. 해외건설촉진법
066. 수상레저안전법
067. 공무원재해보상법
068. 수상에서의 수색·구조 등에 관한 법률
069. 어촌어항법
070. 항만법
071. 항만운송사업법
072. 해양경비법
073. 해양사고의 조사 및 심판에 관한 법률
074. 외국인근로자의 고용 등에 관한 법률
075. 중소기업기본법
076. 자유무역지역의 지정 및 운영에 관한 법률
077. 대기환경보전법
078. 소음진동관리법
079. 폐기물관리법
080. 하수도법
081. 물환경보전법
082. 토양환경보전법
083. 환경정책기본법
084. 산업재해보상보험법
085. 관세법
086. 노동조합 및 노동관계조정법
087. 근로기준법
088. 군인연금법
089. 먹는물관리법
090. 기술보증기금법
091. 관광진흥법
092. 감염병의 예방 및 관리에 관한 법률
093. 사법경찰관리의 직무를 수행할 자와 그 직무범위에 관한 법률
094. 수의사법
095. 가정폭력방지 및 피해자보호 등에 관한 법률
096. 환경영향평가법
097. 체육시설의 설치 · 이용에 관한 법률
098. 장사 등에 관한 법률
099. 상호저축은행법
100. 은행법
101. 보호관찰 등에 관한 법률
102. 형법
103. 자동차관리법
104. 형사소송법
105. 전자금융거래법
106. 마약류 불법거래 방지에 관한 특례법
107. 도로법
108. 주세법
109. 변리사법
110. 하천법
111. 중소기업진흥에 관한 법률
112. 발달장애인 권리보장 및 지원에 관한 법률
113. 주택법
114. 장애인복지법
115. 농어업경영체 육성 및 지원에 관한 법률
116. 공인중개사법
117. 건강기능식품에 관한 법률
118. 예비군법
119. 개발제한구역의 지정 및 관리에 관한 특별조치법
120. 국유재산법
121. 주차장법
122. 환경기술 및 환경산업 지원법
123. 대기관리권역의 대기환경개선에 관한 특별법
124. 악취방지법
125. 미세먼지 저감 및 관리에 관한 특별법
126. 가축분뇨의 관리 및 이용에 관한 법률
127. 물의 재이용 촉진 및 지원에 관한 법률
128. 물관리기본법
129. 물관리기술 발전 및 물산업 진흥에 관한 법률
130. 자원의 절약과 재활용촉진에 관한 법률
131. 전기 · 전자제품 및 자동차의 자원순환에 관한 법률
132. 건설폐기물의 재활용촉진에 관한 법률
133. 수도권매립지관리공사의 설립 및 운영 등에 관한 법률
134. 폐기물의 국가 간 이동 및 그 처리에 관한 법률
135. 폐기물처리시설 설치촉진 및 주변지역지원 등에 관한 법률
136. 자원순환기본법
137. 잔류성오염물질 관리법
138. 환경분쟁 조정법

해광출판사 대한민국 법령 시리즈

139. 화학물질의 등록 및 평가 등에 관한 법률
140. 환경오염시설의 통합관리에 관한 법률
141. 환경오염피해 배상책임 및 구제에 관한 법률
142. 중소기업제품 구매촉진 및 판로지원에 관한 법률
143. 환경개선비용 부담법
144. 환경분야 시험·검사 등에 관한 법률
145. 환경친화적 산업구조로의 전환촉진에 관한 법률
146. 환경친화적 자동차의 개발 및 보급 촉진에 관한 법률
147. 환경범죄 등의 단속 및 가중처벌에 관한 법률
148. 생명윤리 및 안전에 관한 법률
149. 장애인차별금지 및 권리구제 등에 관한 법률
150. 부동산투자회사법
151. 정치자금법
152. 과학기술기본법
153. 대리점거래의 공정화에 관한 법률
154. 상속세 및 증여세법
155. 학원의 설립 · 운영 및 과외교습에 관한 법률
156. 해양심층수의 개발 및 관리에 관한 법률
157. 전기용품 및 생활용품 안전관리법
158. 사회기반시설에 대한 민간투자법
159. 공직선거법
160. 정당법
161. 유류오염손해배상 보장법
162. 부정청탁 및 금품등 수수의 금지에 관한 법률
163. 항로표지법
164. 어장관리법
165. 민방위기본법
166. 공직자윤리법
167. 선거관리위원회법
168. 유선 및 도선 사업법
169. 전기공사업법
170. 사회복지사업법
171. 택지개발촉진법
172. 국가공무원법
173. 민간임대주택에 관한 특별법
174. 어음법·수표법
175. 민사집행법
176. 상법
177. 문화예술진흥법
178. 중소기업협동조합법
179. 농업협동조합법
180. 도로교통법
181. 의료사고 피해구제 및 의료분쟁 조정 등에 관한 법률
182. 산림보호법
183. 소년법
184. 동물보호법
185. 건축물관리법
186. 도시개발법
187. 화물자동차 운수사업법
188. 도시 및 주거환경정비법
189. 의료법
190. 국회법
191. 응급의료에 관한 법률
192. 출입국관리법
193. 노인복지법
194. 산림자원의 조성 및 관리에 관한 법률
195. 청소년 보호법
196. 초 · 중등교육법
197. 혁신도시 조성 및 발전에 관한 특별법
198. 경제자유구역의 지정 및 운영에 관한 특별법
199. 공공기관의 운영에 관한 법률
200. 대한민국헌법
201. 국민기초생활 보장법
202. 저작권법
203. 가사소송법
204. 국가유공자 등 예우 및 지원에 관한 법률
205. 국민체육진흥법
206. 전통주 등의 산업진흥에 관한 법률
207. 재난 및 안전관리 기본법
208. 정보통신공사업법
209. 주식회사 등의 외부감사에 관한 법률
210. 공익사업을 위한 토지 등의 취득 및 보상에 관한 법률
211. 개인정보 보호법
212. 국세기본법
213. 에너지이용 합리화법
214. 감정평가 및 감정평가사에 관한 법률
215. 국가인권위원회법
216. 가맹사업거래의 공정화에 관한 법률
217. 보건의료기본법
218. 산업안전보건법
219. 법무사법
220. 교육공무원법
221. 특허법
222. 민사소송법
223. 아동복지법
224. 전파법
225. 하도급거래 공정화에 관한 법률
226. 기초연금법
227. 사립학교교직원 연금법
228. 직업안정법
229. 장애아동 복지지원법
230. 부동산등기법
231. 자동차손해배상 보장법
232. 철도안전법
233. 항공안전법
234. 전자상거래 등에서의 소비자보호에 관한 법률
235. 독점규제 및 공정거래에 관한 법률
236. 상표법
237. 채무자 회생 및 파산에 관한 법률
238. 공무원연금법
239. 축산법
240. 근로복지기본법
241. 민원 처리에 관한 법률
242. 약사법
243. 방문판매 등에 관한 법률
244. 건축기본법
245. 지방세기본법
246. 지방세징수법
247. 지방자치법
248. 도시교통정비 촉진법
249. 공공주택 특별법
250. 국세징수법
251. 공인노무사법
252. 중대재해 처벌 등에 관한 법률
253. 외무공무원법
254. 소방시설공사업법
255. 검역법
256. 공중위생관리법
257. 할부거래에 관한 법률
258. 인터넷 멀티미디어 방송사업법
259. 전기통신사업법
260. 제품안전기본법
261. 철도사업법
262. 어린이제품 안전 특별법
263. 영유아보육법
264. 원자력안전법
265. 보험업법
266. 경비업법
267. 교통안전법
268. 세무사법
269. 관세사법
270. 공인회계사법
271. 지방공무원법
272. 고용정책 기본법
273. 국가경찰과 자치경찰의 조직 및 운영에 관한 법률
274. 협동조합 기본법
275. 재해구호법
276. 환경보건법

해광출판사 대한민국 법령 시리즈

277. 자살예방 및 생명존중문화 조성을 위한 법률
278. 소방산업의 진흥에 관한 법률
279. 소방기본법
280. 비송사건절차법
281. 자연환경보전법
282. 변호사법
283. 기업구조조정투자회사법
284. 전기통신기본법
285. 에너지법
286. 해양생태계의 보전 및 관리에 관한 법률
287. 사회보장기본법
288. 통신비밀보호법
289. 공증인법
290. 물류시설의 개발 및 운영에 관한 법률
291. 청소년활동 진흥법
292. 형의 집행 및 수용자의 처우에 관한 법률
293. 도시공원 및 녹지 등에 관한 법률
294. 태권도 진흥 및 태권도공원 조성 등에 관한 법률
295. 녹색건축물 조성 지원법
296. 우편법
297. 예금자보호법
298. 건설산업기본법
299. 금융회사의 지배구조에 관한 법률
300. 장애인활동 지원에 관한 법률
301. 언론중재 및 피해구제 등에 관한 법률
302. 국가재정법
303. 농지법
304. 게임산업진흥에 관한 법률
305. 정신건강증진 및 정신질환자 복지서비스 지원에 관한 법률
306. 디자인보호법
307. 의료기사 등에 관한 법률
308. 스마트도시 조성 및 산업진흥 등에 관한 법률
309. 내수면어업법
310. 한국주택금융공사법
311. 의료기기법
312. 유통산업발전법
313. 전통시장 및 상점가 육성을 위한 특별법
314. 여신전문금융업법
315. 해외자원개발 사업법
316. 산업교육진흥 및 산학연협력촉진에 관한 법률
317. 빈집 및 소규모주택 정비에 관한 특례법
318. 기업도시개발 특별법
319. 전력기술관리법
320. 국토기본법
321. 지하수법
322. 식품위생법
323. 광업법
324. 호스피스·완화의료 및 임종과정에 있는 환자의 연명의료결정에 관한 법률
325. 주식·사채 등의 전자등록에 관한 법률
326. 표시·광고의 공정화에 관한 법률
327. 골재채취법
328. 국민건강증진법
329. 새마을금고법
330. 여객자동차 운수사업법
331. 마리나항만의 조성 및 관리 등에 관한 법률
332. 한부모가족지원법
333. 국가를 당사자로 하는 계약에 관한 법률
334. 지방자치단체를 당사자로 하는 계약에 관한 법률
335. 축산물 위생관리법
336. 병역법
337. 음악산업진흥에 관한 법률
338. 국가균형발전 특별법
339. 첨단재생의료 및 첨단바이오의약품 안전 및 지원에 관한 법률
340. 공간정보의 구축 및 관리 등에 관한 법률
341. 공유수면 관리 및 매립에 관한 법률
342. 농수산물 유통 및 가격안정에 관한 법률
343. 아시아문화중심도시 조성에 관한 특별법
344. 신탁법
345. 자연공원법
346. 생활화학제품 및 살생물제의 안전관리에 관한 법률
347. 군인사법
348. 국제조세조정에 관한 법률
349. 낙동강수계 물관리 및 주민지원 등에 관한 법률
350. 주민등록법
351. 집합건물의 소유 및 관리에 관한 법률
352. 집단에너지사업법
353. 산림조합법
354. 반도체집적회로의 배치설계에 관한 법률
355. 자본시장과 금융투자업에 관한 법률
356. 담보부사채신탁법
357. 근로자퇴직급여 보장법
358. 국제과학비즈니스벨트 조성 및 지원에 관한 특별법
359. 수도법
360. 식품 등의 표시·광고에 관한 법률
361. 약관의 규제에 관한 법률
362. 인삼산업법
363. 종자산업법
364. 항공사업법
365. 건설기계관리법
366. 군형법
367. 궤도운송법
368. 기술의 이전 및 사업화 촉진에 관한 법률
369. 농수산물의 원산지 표시 등에 관한 법률
370. 담배사업법
371. 석유 및 석유대체연료 사업법
372. 가축전염병 예방법
373. 농어촌정비법
374. 식물신품종 보호법
375. 항공보안법
376. 중소기업창업 지원법
377. 군사법원법
378. 우주개발 진흥법
379. 해저광물자원 개발법
380. 산림복지 진흥에 관한 법률
381. 지능형 로봇 개발 및 보급 촉진법
382. 헌법재판소법
383. 옥외광고물 등의 관리와 옥외광고산업 진흥에 관한 법률
384. 혈액관리법
385. 국제항해선박 등에 대한 해적행위 피해예방에 관한 법률
386. 유료도로법
387. 독립유공자예우에 관한 법률
388. 신에너지 및 재생에너지 개발·이용·보급 촉진법
389. 신용정보의 이용 및 보호에 관한 법률
390. 출판문화산업 진흥법
391. 공항시설법
392. 국민 평생 직업능력 개발법
393. 아동·청소년의 성보호에 관한 법률
394. 방송법쉬
395. 신용보증기금법
396. 화장품법
397. 청소년 기본법
398. 인터넷주소자원에 관한 법률
399. 양곡관리법
400. 도로명주소법
401. 전자문서 및 전자거래 기본법
402. 산업기술의 유출방지 및 보호에 관한 법률
403. 국가기술자격법
404. 양식산업발전법
405. 산업기술혁신 촉진법
406. 새만금사업 추진 및 지원에 관한 특별법
407. 전자정부법
408. 지역 개발 및 지원에 관한 법률
409. 한국농어촌공사 및 농지관리기금법
410. 계량에 관한 법률
411. 기업활동 규제완화에 관한 특별조치법
412. 군에서의 형의 집행 및 군수용자의 처우에 관한 법률

해광출판사 대한민국 법령 시리즈

413. 규제자유특구 및 지역특화발전특구에 관한 규제특례법
414. 금융위원회의 설치 등에 관한 법률
415. 남녀고용평등과 일·가정 양립 지원에 관한 법률
416. 농어업인 삶의 질 향상 및 농어촌지역 개발촉진에 관한 특별법
417. 댐건설·관리 및 주변지역지원 등에 관한 법률
418. 국가유산수리 등에 관한 법률
419. 법원조직법
420. 보훈보상대상자 지원에 관한 법률
421. 부패방지 및 국민권익위원회의 설치와 운영에 관한 법률
422. 과학기술분야 정부출연연구기관 등의 설립·운영 및 육성에 관한 법률
423. 연구개발특구의 육성에 관한 특별법
424. 친환경농어업 육성 및 유기식품 등의 관리·지원에 관한 법률
425. 연안관리법
426. 영화 및 비디오물의 진흥에 관한 법률
427. 신용협동조합법
428. 방송통신발전 기본법
429. 범죄피해자 보호법
430. 가축 및 축산물 이력관리에 관한 법률
431. 국가표준기본법
432. 국가통합교통체계효율화법
433. 범죄인 인도법
434. 국가과학기술 경쟁력 강화를 위한 이공계지원 특별법
435. 국제경기대회 지원법
436. 금융혁신지원 특별법
437. 수자원의 조사·계획 및 관리에 관한 법률
438. 축산자조금의 조성 및 운용에 관한 법률
439. 소방시설 설치 및 관리에 관한 법률
440. 양성평등기본법
441. 축산계열화사업에 관한 법률
442. 수입식품안전관리 특별법
443. 대외무역법
444. 국가연구개발사업 등의 성과평가 및 성과관리에 관한 법률
445. 무역보험법
446. 기술사법
447. 광산안전법
448. 농약관리법
449. 농업·농촌 및 식품산업 기본법
450. 문화산업진흥 기본법
451. 부담금관리 기본법
452. 야생생물 보호 및 관리에 관한 법률
453. 한국은행법
454. 별정우체국법
455. 원양산업발전법
456. 콘텐츠산업 진흥법
457. 한국수출입은행법
458. 외국인투자 촉진법
459. 물류정책기본법
460. 전자서명법
461. 산업발전법
462. 산업표준화법
463. 소프트웨어 진흥법
464. 토지이용규제 기본법
465. 해수욕장의 이용 및 관리에 관한 법률
466. 정보통신 진흥 및 융합 활성화 등에 관한 특별법
467. 정보통신산업 진흥법
468. 지진·화산재해대책법
469. 소금산업진흥법
470. 위치정보의 보호 및 이용 등에 관한 법률
471. 외국법자문사법
472. 이러닝(전자학습)산업 발전 및 이러닝 활용 촉진에 관한 법률
473. 암관리법
474. 실용신안법
475. 가족관계의 등록 등에 관한 법률
476. 무인도서의 보전 및 관리에 관한 법률
477. 감사원법
478. 정보보호산업의 진흥에 관한 법률
479. 결혼중개업의 관리에 관한 법률
480. 공익신고자 보호법
481. 박물관 및 미술관 진흥법
482. 낚시 관리 및 육성법
483. 동산·채권 등의 담보에 관한 법률
484. 임금채권보장법
485. 국민투표법
486. 농림수산업자 신용보증법
487. 국가채권 관리법
488. 중소기업은행법
489. 식품안전기본법
490. 외국환거래법
491. 발명진흥법
492. 건설기술 진흥법
493. 기후위기 대응을 위한 탄소중립·녹색성장 기본법
494. 인체조직안전 및 관리 등에 관한 법률
495. 엔지니어링산업 진흥법
496. 신문 등의 진흥에 관한 법률
497. 식물방역법
498. 석탄산업법
499. 산업융합 촉진법
500. 비료관리법
501. 임업 및 산촌 진흥촉진에 관한 법률
502. 복권 및 복권기금법
503. 대규모유통업에서의 거래 공정화에 관한 법률
504. 뉴스통신 진흥에 관한 법률
505. 지능정보화 기본법
506. 자격기본법
507. 중소기업 기술혁신 촉진법
508. 국가공간정보 기본법
509. 농어업재해대책법
510. 방송광고판매대행 등에 관한 법률
511. 지식재산 기본법
512. 초고층 및 지하연계 복합건축물 재난관리에 관한 특별법
513. 해양 조사와 해양정보 활용에 관한 법률
514. 공간정보산업 진흥법
515. 공공기관의 정보공개에 관한 법률
516. 행정기본법
517. 해상교통안전법
518. 농어업재해보험법
519. 문화유산의 보존 및 활용에 관한 법률
520. 자연유산의 보존 및 활용에 관한 법률
521. 국토의 계획 및 이용에 관한 법률
522. 건축법
523. 국민건강보험법
524. 계엄법
525. 환경친화적 선박의 개발 및 보급 촉진에 관한 법률
526. 해양폐기물 및 해양오염퇴적물 관리법

*** 해광출판사의 법령 시리즈는 계속 발행 됩니다.**
**** 각 도서의 개정판은 인쇄일을 기준으로 제작 되었습니다.**